# La laïcité expliquée à M. Sarkozy

Jean Baubérot

# La laïcité expliquée à M. Sarkozy

... et à ceux qui écrivent ses discours

Albin Michel

*Pour Élie*

## *Monsieur le Président,*
## *Monsieur le Chanoine,*
## *Madame, Messieurs les Conseillers*

D'accord c'était le Latran, d'accord c'était Riyad. Deux lieux considérés par vos interlocuteurs comme imprégnés de sacré, d'une sacralité que vous vous deviez de respecter en tant qu'hôte. Seulement la courtoisie et la diplomatie n'impliquent pas la complaisance : le président d'une République laïque ne doit pas déroger à la laïcité, même lorsqu'il est invité en de tels lieux, car il y est précisément invité en tant que représentant d'une République laïque. Aux journalistes qui s'interrogeaient, vous, les conseillers, avez répondu : « Le Président a bien le droit d'exprimer ses convictions. Il faut sortir d'une laïcité archaïque. »

Double erreur, double faute. D'abord, Président, vous brouillez les rôles. Vous avez été élu pour agir, en politique, en économie, sur le terrain social, environnemental... Mais en matière de religion, vous n'avez certes pas été choisi pour devenir maître en spiritualité. Vous avez été élu pour être un arbitre. L'arbitre mouille sa chemise, il court sur le terrain, il se dépense beaucoup et cela devrait suffire à vous plaire. Mais le rôle de l'arbitre n'est pas celui de l'avant-centre. Première erreur et faute : vous avez agi comme un arbitre un peu fou qui se mettrait à s'emparer du ballon, à foncer, à vouloir à tout prix marquer des buts en faveur d'une équipe. C'est grave, car après avoir ainsi transgressé la neutralité de votre statut, comment retrouver pleinement votre rôle d'arbitrage ?

Reportez-vous donc à la déposition du ministre de l'Intérieur devant la Commission Stasi, le 7 octobre 2003 : « *Si un fonctionnaire affiche ses convictions religieuses sous quelque forme que ce soit, c'est toute la neutralité et l'impartialité de l'État qui est mise en cause.* » Je ne me souviens plus du nom de ce ministre. Mais je me demande s'il ne se prénommait pas Nicolas…

Seconde erreur, vos convictions sont, souvent, fondées sur l'ignorance et celle de vos porte-plumes. Du coup, dans l'affaire, l'archaïque c'est vous. Prôner « *l'avènement d'une laïcité positive* », comme si jusqu'à Votre Grandeur la laïcité avait été négative, ne tient absolument pas la route. En 1904, parler de « *laïcité positive* » pouvait avoir du sens. En 1905, ce n'était déjà plus le cas. Et nous sommes en 2008 ! La laïcité est mouvement. Cela, vous ne l'avez pas du tout compris. On vous a raconté l'histoire en déformant les faits et, benoîtement (si j'ose dire), vous l'avez répétée ainsi. Je ne vous reproche pas de ne pas tout savoir. Je vous reproche, à vous et à vos mauvaises plumes, de ne pas savoir que vous ne savez pas.

Paradoxalement, vous donnez là, de façon négative, en creux et malgré vous, une belle leçon de laïcité. Car, au fondement de la laïcité, se trouve l'incompétence foncière de l'État (et donc de son chef) en matière de religion. Au Latran comme à Riyad, vous avez administré une belle preuve de cette incompétence. Vous avez magistralement démontré l'absence de capacité du politique à traiter de religion. Vous avez donné entièrement raison au principe même de la laïcité, mais contre vous. Vous qui avez voulu incarner la « *rupture* » face à Chirac, vous êtes en train de vous chiraquiser en vous montrant très habile à conquérir le pouvoir ; fort malhabile à l'exercer.

Laissez-moi vous expliquer tout cela un peu en détail. À vous, à vos plumes et à quelques autres. Pour ce faire, permettez-moi, tout d'abord, de me présenter brièvement. Je ne suis pas de votre bord : engagé à gauche depuis toujours, j'ai été, en 1997-1998, conseiller à la Formation à la citoyenneté de Mme Ségolène Royal. Cela dit, je m'exprime ici à titre personnel, sans lien avec un groupe ou une personnalité. Je m'exprime comme citoyen, à partir de ma modeste compétence d'universitaire, de premier titulaire de la seule chaire de l'enseignement supérieur français consacrée à la laïcité. Je suis fondamentalement « de la société civile » selon l'expression consacrée. Je n'absolutise pas le politique et, à mes yeux, ce n'est certainement pas parce qu'un président est de droite qu'il aurait tort sur tout. J'entends bien exercer en toute circonstance mon libre examen, ma liberté de parole. Je suis ainsi souvent politiquement incorrect à l'égard de mes propres amis.

Vous aviez donc vos chances, même si certaines pages de votre ouvrage[1] m'avaient déjà donné quelques inquiétudes. Magnanimement, je vous accordais le droit à un oral de rattrapage. J'espérais être heureusement surpris. Pourquoi ?

Parce que, précisément, je ne suis pas un responsable politique. Je n'ai donc pas comme objectif de conquérir le pouvoir et de délégitimer l'adversaire, quoi qu'il fasse. Quand la droite se trouve au pouvoir, je souhaite même qu'elle ne commette pas trop de bêtises parce que je sais fort bien que cela nuirait à mon pays.

En outre, si la droite se montre intelligente, elle force la gauche à l'être encore plus. Et c'est un secret de polichinelle que la gauche n'est pas toujours, disons, surdouée. Je n'apprécie pas qu'il lui soit facile de discréditer la droite à peu de frais. Alors elle s'illusionne sur ses propres capacités intellectuelles et politiques. Elle se donne bonne conscience à très bon compte.

J'avais donc deux raisons de vous vouloir laïquement et politiquement avisé. Un Sarkozy franchement laïque, ç'aurait été l'assurance de ne pas voir la France entraînée dans une impasse. Or, la laïcité étant mouvement, elle rencontre sur sa route, chaque jour, de nouveaux défis. Ceux d'aujourd'hui sont importants et nombreux. Ils ne sauraient attendre 2012 pour être affrontés.

Ensuite, un Sarkozy franchement et intelligemment laïque, ç'aurait été un redoutable défi pour la gauche. Cela l'aurait obligé à devenir plus profondément laïque encore. Et elle a du chemin à faire en la matière, car si la laïcité n'est nullement archaïque, il existe des archaïques dans les rangs de la gauche, comme dans ceux de la droite. Plus encore, on trouve même de sacrés boulets dans l'un et l'autre camp, bêtes ou méchants, ou les deux à la fois. De vrais sectaires. Qui ont du poids en plus.

Je vous assure, Président, qu'il y a des jours où je suis fort en colère. Et pas seulement contre vous, loin s'en faut ! Mais il se trouve que vous avez désiré de toutes vos forces « *faire président* » comme vous le dites parfois, vous n'avez même pensé qu'à cela depuis des décennies, pas seulement en vous rasant le matin, et vous avez réussi. Donc c'est vous qui allez prendre quelques petits coups d'un simple citoyen. C'est votre rôle, non ?

Je vais me montrer charitable et vous laisser encore le bénéfice du doute : vous avez failli, mais il n'est jamais trop tard. Vous vous êtes tiré une balle dans chaque pied, mais la science est censée, de temps à autre, faire des miracles. Je vais donc prendre le temps de vous expliquer, à vous et à vos Conseillers, ce qu'est la laïcité. Après tout, après avoir écrit un discours pour François Mitterrand, j'en ai commis un autre pour Jacques Chirac*. Je me suis déjà compromis et je l'assume.

Réglons tout de suite la question de la responsabilité : qui a écrit quoi ? Nous n'allons pas jouer, vous et moi, au bon Sarkozy entouré de mauvais conseillers. Cela rappellerait un peu trop l'Ancien Régime. La révocation de l'édit de Nantes, pour rester dans notre sujet. Le bon roi Louis XIV sous mauvaise influence. Trop facile, non ?

Certes, tout président a ses plumes. Plusieurs sources bien informées se recoupent : le Latran, c'est Emmanuelle Mignon, énergique et charmante dir cab, et Philippe Verdin, sémillant dominicain en soutane blanche. Quant à Riyad, c'est Henri Guaino, la plume habituelle, que vous aviez dépossédée de cette attribution, Président édifiant, pour vos frasques vaticanes.

À toute « bûcheuse » (c'est votre réputation), tout honneur, commençons par vous, Emmanuelle Mignon, trente-neuf printemps. Vous dites de vous-même qu'être une femme « dans

---

* Les deux fois, il s'agissait de commémorer un événement historique.

ce monde de brutes» demande «un peu de dureté», ajoutant: «Par rapport à tout ce que j'endure, je suis extrêmement douce[2].» J'aurais donc scrupule à vous faire endurer plus encore, d'autant que ce que l'on dit de vous (vérité ou légende dorée? Je ne sais) ne vous rend pas antipathique. Vous auriez la réputation d'une «Jivaro, réductrice de coûts», supprimant sans vergogne des permanences de nuit qui permettaient, en fait, d'inviter les copains pour faire ripaille, les logements tous frais payés des collaborateurs. Bravo. Sauf que, paraît-il, l'augmentation exponentielle du salaire présidentiel, ce serait aussi vous. Courageuse mais pas téméraire, peut-être. Mais sans doute le Président vous avait-il soufflé cette idée à l'oreille, en vous demandant de l'endosser.

Major de l'ENA, ayant choisi le Conseil d'État, votre avenir présidentiel a pris son envol quand Nicolas Sarkozy a réclamé au vice-président de cette auguste institution, Renaud Denoix de Saint-Marc, «le plus beau cerveau de tes services». Tête bien pleine et bien faite. Vous êtes catholique, ce qui est votre droit le plus absolu, et avez usé vos guêtres chez les Scouts unitaires de France, branche plutôt tradi du scoutisme. Là encore, pourquoi pas? La laïcité est la liberté de tous et nous ne vivons pas, heureusement, dans la Russie stalinienne.

Ma seule interrogation porte sur un possible court-circuit entre la mémoire vive qui est, peut-être, de mise dans les milieux que vous avez fréquentés et l'histoire, osons le mot, « scientifique ».

Autre possibilité : vous avez mélangé vos notes, et vous avez pris pour un cours d'histoire ce qui n'était qu'une de vos lectures personnelles, le discours de je ne sais quel catholique intransigeant d'il y a plus d'un siècle. Dernière hypothèse : les cuisines élyséennes vous envoient régulièrement un gâteau au chocolat vers quatre heures du matin pour que, croulant sous le travail, vous teniez néanmoins le coup. Or, ce jour-là, vous avez été victime d'une inquiétante baisse intellectuelle due à une crise d'hypoglycémie : furieux de ne pas pouvoir rédiger lui-même le discours du Latran, Henri Guaino vous aurait sauvagement chipé cette délicieuse pâtisserie.

En effet, pourquoi vous et pas lui ? Pourquoi donc le Président a-t-il jugé bon de se passer des services de ce scribe aux accents gaulliens pour son discours de chanoine ? Serait-ce parce qu'il a la réputation d'être trop républicain ? J'en doute, car ceux que j'appelle les rrrépublicains (il est quand même étrange de leur réserver cet adjectif, alors que la République est le bien commun de tous, non ?), ceux-là ont souvent une affectueuse faiblesse pour leur sainte mère l'Église. Voyez Max Gallo. Et d'ailleurs, Guaino ne tente-t-il pas de fourguer dans chacun des discours présidentiels une formule du style : « *le long manteau d'églises et de cathédrales qui recouvre la France* » ? Quoi qu'il en soit, ce n'était guère gentil, de la part de son maître, de lui avoir réservé la seule Arabie saoudite, alors qu'il est de onze ans votre aîné.

Mais je conçois bien que pour vous, c'était sans doute la réponse de la bergère à son berger, car il vous avait piqué le bureau mitoyen du Président, l'insolent ! Je comprends votre rogne de perdre cette place stratégique. Une seule chose vous rapproche de ce malotru : votre ennemi principal à vous deux est le secrétaire général élyséen, Claude Guéant, surnommé « le cardinal » (décidément, on n'en sort pas !). Cela vous conduit de temps en temps à jouer le jeu de la réconciliation avec Guaino. Du moins en apparence, car ces histoires de discours volé et de gâteau au chocolat fauché montrent qu'il n'en est rien. Et le flop du discours latrano-chanoinesque a ravivé vos disputes. « Mettre les curés au-dessus des instituteurs est pour le moins maladroit », a lâché le conseiller spécial. « Guaino a autant de talent que de lâcheté[3] », auriez-vous alors répliqué.

Bref, il semble vous trouver un peu grenouille de bénitier. Ce qui est faux, assurément, car vous êtes, vous aussi, ce qu'il est convenu d'appeler une post-moderne. Vous pouvez, Emmanuelle, tenir des propos pas très catholiques. Ainsi mon espion personnel vous a entendue déclarer : « Sur le mariage des prêtres, ou des divorcés remariés, l'Église adopte des positions trop dures. » Soit dit en passant, je ne comprends vraiment pas pourquoi cette phrase ne se trouve pas dans le discours du Latran. Dans un discours si convictionnel, elle y avait toute sa place. Un bug d'ordinateur peut-être ? Nul doute que vous allez rattraper l'affaire quand Benoît XVI, dans quelques mois, va venir en France. Là, on va entendre ce que l'on va entendre !

Emmanuelle Mignon a été formée par les jésuites. Vous, Philippe Verdin, le troisième larron plumitif, à la jeune quarantaine, vous êtes électron libre, ex-chevènementiste, ordonné prêtre en 1999, responsable du pèlerinage du

Rosaire à Lourdes, auteurs de quelques polars et dominicain. À défaut de savoir inclure les deux France, Sarkozy a, au moins, fait collaborer deux ordres religieux qui, des siècles durant, se sont regardés en chiens de faïence. C'est un début ! C'est vous, Philippe, qui, avec Thibaud Collin (passé à la trappe pour militance antihomosexuelle ?), aviez dévotement recueilli les premiers balbutiements en matière de religion du futur président. Cela a donné l'ouvrage *La République, les religions, l'espérance*, parfois ambigu mais qui respectait certaines balises. Vous étiez alors au Cerf, la maison d'édition de votre ordre, et vous avez réalisé un bon coup éditorial. Bravo.

De plateau télé en studio radio, je vous ai rencontré pour des commentaires contrastés des homélies sarkoziesques. Vous m'avez envoyé à la figure quelques joyeusetés telles que « Ne soyez pas schizophrène », ou « Il faut cesser d'être parano ». Sur le plan sociologique, vous seriez un sujet d'étude passionnant, vous m'avez prodigieusement intéressé. Vous incarnez la juxtaposition d'un savoir philosophique classique et du parler jeune actuel, voire de la déculturation télévisuelle. Manque, entre les deux, la culture moderne.

Vous êtes pétri de la grande tradition de la chrétienté latine, telle qu'elle s'est développée des Pères de l'Église (IIe-IIIe siècle) à la scolastique moyenâgeuse. Pensée riche philosophiquement et théologiquement. On pourrait y consacrer plusieurs vies. Vous devez lire ces penseurs tard le soir. Le lendemain, Philippe, vous mélangez vos sources. Les références à une culture savante un chouïa désuète et une (dé)-culture télé, supposée jeune et moderne. Cela donne un mixte d'allusions philosophiques sophistiquées mais datées et de langage relâché. Abandonnez une semaine Albert le Grand, Philippe, (re)plongez-vous dans Nietzsche et quelques autres « maîtres du soupçon ». Cela vous fera le plus grand bien. Car vous êtes un représentant d'une nouvelle génération d'intellectuels et de clercs cathos, au sourire décontracté et aux connaissances un peu vieillottes, bien différente de la génération du concile Vatican II, les Congar, de Lubac et autres Chenu.

Voilà votre fine équipe de plumitifs, Président métaphysicien. Ayant été moi-même, occasionnellement, une plume, ayant pu observer parfois le petit monde politique, je sais en gros comment cela se passe. Les conseillers du prince ne sont jamais de bons et fidèles serviteurs. Chacun, chacune d'entre eux tente de tirer la couverture à soi, d'entraîner son chef dans la direction qu'il souhaite. Un ministre, un Premier ministre, un Président face à ses conseillers, c'est Daniel dans la fosse aux lions. Le patron doit être un dompteur. Étant celui qui endosse le propos, il le relit et le modifie à sa guise. Il déjoue les pièges tendus puisqu'il devient l'auteur.

D'ailleurs, ces deux discours reprenaient parfois, en les accentuant, certains thèmes qui vous sont chers[4]. À vous voir, à vous entendre, en vidéo, les prononcer, Président loquace, vous les avez habités, vous les avez faits vôtres. Et mon petit doigt m'a dit que, naturellement, vous n'êtes pas resté passif. Vos plumes avaient conclu le discours du Latran par cette injonction adressée aux catholiques : « *La France a besoin de votre générosité, de votre courage, de vos idées, de votre espérance.* » Vous avez enlevé « *de vos idées* », vous montrant un poil moins clérical que les rédacteurs (choisis par vous) des premières versions du texte. Pourquoi alors, puisqu'on vous conduisait dans la bigoterie, ne pas avoir revu entièrement les textes ? C'est que, pour l'essentiel, ceux-ci vous ont plu !

Donc vous êtes responsable des propos qui sont vôtres ou que vous avez endossés. Reprenons donc vos deux copies, élève Nicolas, avec les antisèches ratées de vos trois petits camarades. Au dîner annuel du Conseil représentatif des institutions juives de France (CRIF), pour vous défendre face à la polémique qu'avaient provoquée vos propos antérieurs, vous avez dénoncé « *les approximations, les amalgames, les raccourcis* ». Rassurez-vous, je ne ferai pas de citations tronquées. Au contraire, je vais donner de larges extraits de vos discours*. Je vais même tenir compte de la manière, malhabile, dont vous avez tenté de corriger un peu vos propos au dîner du CRIF. Cela tout en déclarant fièrement : « *Je persiste et j'ai le plaisir de signer.* » Dont acte.

Pour y voir plus clair, je prendrai vos dires thème par thème. Mais auparavant, il faut se rappeler ce que vous êtes allé faire à la basilique

* Les discours eux-mêmes proviennent du site Internet de *La Croix* (discours de Latran) et du *Figaro* (discours de Riyad). À chaque fois, ces sites ont indiqué l'Élysée comme source.

de Reims pour être sacré roi de France. Non, excusez-moi, votre embrouillamini m'embrouille : à la basilique du Latran pour être consacré chanoine.

Rappelez-vous, Président : Picasso avait eu sa période rose ; vous, c'était votre période bling-bling.

# I

# *De la fonction de chanoine du Latran*

Riyad, c'était un déplacement de chef d'État en Arabie saoudite. Un voyage officiel comme il existe, de façon habituelle, des visites du président de la République française dans divers pays. Autrefois, il s'agissait avant tout de rencontres politiques. Votre prédécesseur a ajouté un aspect VRP, cherchant à faire signer des contrats. Vous conservez l'économie, et ajoutez la religion. Curieux. Rien, vraiment, ne vous obligeait à commencer par un véritable prêche*, invoquant moult fois (les médias ont écrit treize fois, pour ma part j'en ai compté onze) un Dieu syncrétique, un « *Dieu unique des religions du*

---

* Le discours de Riyad sera moins cité que celui du Latran, car il n'est pas, comme ce dernier, entièrement consacré à la religion (et à la laïcité). Le début est, cependant, très orienté.

*Livre*», un «*Dieu transcendant qui est dans la pensée et dans le cœur de chaque homme*», n'est-ce pas, monsieur Guaino ?

Le Latran c'est autre chose. D'abord, où cela se situe-t-il ? Le Latran est un palais, une basilique. Saint-Jean de Latran, «*c'est*, précisez-vous, *la cathédrale du pape*». Le Latran, des siècles durant, a été le lieu de résidence des papes (jusqu'en 1309 exactement) et l'Église latine a tenu cinq conciles au Latran de 1123 à 1517 (celui de 1215 étant le plus important).

Que s'est-il passé en 1309 pour que le pape quitte son palais du Latran ? La pression de Philippe le Bel, ci-devant roi de France, en conflit avec la papauté et qui oblige quasiment le pape à s'installer à Avignon, à portée du roi de France. Certainement très compétente sur d'autres sujets, mais un tantinet naïve sur celui-ci, vous aviez, madame Mignon, dans une première version du discours, mentionné l'épisode avignonnais de la papauté (il a duré jusqu'en 1377) parmi les exemples des liens étroits et positifs entre la France et le Saint-Siège. Or Avignon reste un mauvais souvenir pour le Vatican. Heureusement, votre plume acérée, à vous Philippe Verdin, de l'ordre de saint Dominique, veillait à ce que rien dans le propos ne puisse chagriner le froufrou des élégantes soutanes qui allaient pieusement écouter le Président. Et vous avez sabré cette partie du discours.

Le président de la République *laïque*, chanoine d'honneur de Saint-Jean de Latran, cela peut paraître bizarre. Il s'agit en fait d'un héritage de l'histoire. Sacrée histoire, nous allons la retrouver présente à tous les moments du discours !

Henri IV, le roi de la poule au pot, avait d'abord été un prince protestant, roi de Navarre. La légende prétend même qu'il aurait été baptisé avec une gousse d'ail et une goutte de vin de Jurançon. C'était l'époque trouble des guerres de religion et il dut se convertir au catholicisme pour échapper aux suites de la Saint-Barthélemy. Puis, il redevint protestant. Mais, patatras, par le jeu compliqué des règles de succession en France (contrairement à l'Angleterre, les femmes se trouvaient exclues de la royauté, galanterie bien française !), le voilà, en 1584, héritier de la Couronne de France. Merci pour lui, sauf que le royaume est catholique. Les Guises, chefs du parti catho, n'en veulent pas et déclarent tous les protestants hors la loi.

En 1593, le prétendant Henri abjure solennellement le protestantisme en la basilique Saint-

Denis. Il ne déclare pas : « Paris vaut bien une messe », ayant oublié de demander à Philippe Verdin de lui écrire ses discours. Mais la postérité, fort indulgente, lui en a attribué le propos. Vous savez, Président sublime, que les mots historiques sont presque toujours faux.

Donc le bon roi Henri devint catholique pour pouvoir être roi de France et offrir une poule au pot chaque semaine à tous ses sujets (quelle belle augmentation du pouvoir d'achat !). Comme les convertis font toujours du zèle, Henri IV a fait don, en 1604, de l'abbaye bénédictine de Clairac (aujourd'hui dans le Lot-et-Garonne)… ainsi que de ses revenus, au chapitre (ensemble des chanoines) de la basilique du Latran. Le titre de chanoine d'honneur donné au chef de l'État français fut une façon de dire « merci ». Il faut savoir qu'un laïc peut être chanoine : Copernic l'a été en son temps. Mais je vous ferai très respectueusement remarquer, incomparable Président, que cela ne l'a nullement empêché d'affirmer que le Soleil (et non la Terre) est le centre de notre univers. Comme quoi on peut être chanoine sans se montrer calotin pour autant. Vous auriez dû vous en souvenir.

Une « messe pour la France » est célébrée au Latran chaque 13 décembre, jour anniversaire de la naissance du « bon roi » Henri. L'ambassadeur de France près le Saint-Siège y représente le président de la République et y reçoit les « honneurs liturgiques ». Soit dit en passant, cela n'indiquerait-il pas, subtil Président, que la laïcité française ne vous a nullement attendu pour ne pas « *couper la France de ses racines chrétiennes* » ?

Ce titre de chanoine d'honneur est donc un legs du passé, mais pas de n'importe quel passé. Le passé où il fallait absolument être ou devenir catholique pour pouvoir gouverner la France, le passé où la France se voulait un royaume catholique, où le catholicisme était la religion nationale. Sans doute, cela fait partie de l'histoire de France. Personne ne le conteste. Est-ce, pour autant, ce passé-là qui doit servir de référence aujourd'hui et être mis en avant ? C'est une autre affaire.

Car, si l'on peut admettre que le président de la République *laïque* accepte, par courtoisie historique, le titre de chanoine (après tout, le président de la *République* est bien coprince d'Andorre), il y a, voyez-vous, l'art et la manière. La visite présidentielle au Vatican a été inaugurée en 1957 seulement, par René Coty, lors de la IV^e^ République finissante. Les

Présidents Pompidou et Mitterrand avaient choisi d'assumer ce passé de façon non ostensible. Ils n'avaient certes pas refusé la charge, mais sans aller au Latran prendre possession du titre. Vous, Président Sarkozy, vous vous y êtes précipité et avez prononcé un authentique discours lèche-soutane. On aimerait un avis du Conseil d'État autorisant le port discret du titre de chanoine par le président de la République, mais interdisant son port ostentatoire.

En constatant cette ostentation, je n'ai pu m'empêcher, Président républicain, de songer à une référence classique des historiens, *Les Deux Corps du roi*[1], d'Ernst Kantorowicz. Le monarque médiéval possède symboliquement, outre son corps périssable, un corps glorieux et immortel, celui de la pérennité monarchique.

L'historien Georges Vigarello avait déjà remarqué votre souci de mettre « au premier plan » votre « corps quotidien », « celui qui "souffre", "éprouve", "s'active", celui auquel chacun s'identifie le plus aisément ». Cela vous permet d'interpeller « le corps de chacun dans sa propre individualité, dans ses sensations singulières, dans ses affects, sans intermédiaire ni médiation[2] ». Mais peut-être avez-vous obscurément ressenti le besoin d'habiter également le corps intangible de la République et avez-vous pensé que votre visite était l'occasion de revêtir ce corps éternel.

Permettez-moi de vous le dire : vous n'y êtes pas parvenu. Votre corps fébrile n'a pas fait relâche : on vous a vu consulter votre téléphone portable pendant que le pape saluait certains de vos accompagnateurs. Ensuite, le corps glorieux et immortel doit se tenir au-dessus des partis et... vous n'avez pas su prendre de la hauteur.

# II

# *De la cour du roi Pétaud au Vatican*

Vous voilà donc, tout guilleret, Président onctueux, en train de faire vos valises. Restait une petite formalité : composer la délégation qui vous accompagnerait. Emmanuelle Mignon prévoyait d'y inclure une trentaine de bons catholiques : intellectuels, religieuses dynamiques et laïcs engagés. Trop de monde pour les contraintes protocolaires du Vatican. Et vous avez dit à votre dir cab : « Je veux y aller avec mes copains. » Bien sûr, vous a-t-elle répondu, mais une personnalité qui serait un « catho de choc » ne ferait pas mal dans le décor. Et elle vous a suggéré Rémi Brague.

Rémi Brague ? Qu'il s'agisse d'un chanteur, d'un acteur, ou d'un animateur télé, il ne doit pas être un bon puisque je ne le connais pas, avez-vous aussitôt estimé. Renseignement pris, il ne s'agissait même pas d'un recalé de la

Star'Ac', mais d'un simple professeur d'histoire de la philosophie aux universités de Paris-I, de Munich et régulièrement invité dans les grandes universités américaines. Un type qui perd son temps à commenter des textes que personne ne lit, d'auteurs présocratiques à Heidegger, en passant par Augustin et Léo Strauss[1]. Et les rares fois où il passe à la télé, ce n'est que pour moucher Luc Ferry sur Averroès et Thomas d'Aquin. On ne l'a même pas vu chez Drucker.

Qu'alliez-vous vous encombrer d'un tel inconnu au bataillon des people ? Non, vous vouliez un vrai auteur. Pas quelqu'un qui commente la pensée des autres, mais un original capable d'exprimer ses pensées propres. Avec force, talent et finesse. Vous avez donc choisi le génial herméneute des « lâchers de salopes (*sic*) », l'immortel auteur de *Gros chanteurs à la gueule de bois* et *Un poil de cul sur ma savonnette.* J'ai nommé, sous vos applaudissements, Jean-Marie Bigard.

Vous étiez absolument aux anges, Président ravissant. Plus vous y pensiez (si j'ose audacieusement ce verbe), plus cela vous paraissait être une géniale idée. En outre, disiez-vous à votre propre miroir, j'vais parler de « *transcendance* » et d'autres machins vachement métaphysiques, j'vais évoquer Bossuet, Péguy, Claudel, Bernanos, Maritain, Mounier, René Girard... C'est bien qu'il y en ait au moins un, dans ma suite bling-bling, apte à comprendre.

Je vous chambre un peu mais j'ai bien compris votre stratégie, Président finaud : vous avez décidé la suppression de la pub à la télévision publique (et là, je suis mille fois d'accord) pour qu'elle se différencie véritablement des télés commerciales. Quand son P-DG vous a demandé, en privé, un exemple de cette future différence, vous avez répondu aussi sec : « Plus jamais de sketches dégueu à la Bigard sur les chaînes publiques. Celles-ci doivent avoir un minimum d'ambition culturelle. » Le pape, c'était sûrement son lot de consolation à Jean-Marie B.

En fait, je raconte l'histoire de façon un peu légende dorée, moi qui vais ensuite, hypocritement, Président humoriste, vous reprocher de le faire. Cette idée extraordinaire de préférer Bigard à Rémi Brague, ce n'est pas vous qui l'avez eue. En revanche, c'est vous, Philippe Verdin, grand maître en scolastique devant l'Éternel, et dont Bigard est un des potes préférés.

Bigard, vous l'avez rencontré à l'aumônerie catho des « artistes (*sic*) ». Il est, paraît-il, un pilier de sacristie. Comme quoi, à force de parler de « con » et de « cul », on peut devenir cul-bénit ! Avouez quand même, cher Philippe, que vous avez eu une sacrée chance de naître après Vatican II. Vu le sourire coincé du pape quand le nouveau Raymond Devos lui a baisé l'anneau, plusieurs se sont dit qu'avant le concile, vous auriez risqué la mise à l'Index.

Qui mettre d'autres dans la petite troupe ? Vous avez inclus, Président intello, Verdin, bien sûr, il le valait bien ! (Tiens, pourquoi ne l'avez-vous pas amené avec vous en Arabie saoudite ? Il faudra m'expliquer.) Vous avez rajouté Guaino en oral de rattrapage, puisque vous l'aviez privé d'écrit ; Jean-Claude Gaudin, car Rome vaut bien une mairie ; Guy Gilbert, le télégénique « prêtre des loubards » qui, pour l'occasion, s'était déguisé en clergyman – sa tenue habituelle (celle qui l'a rendu célèbre) consiste en un jean, un blouson de cuir criblé de badges multicolores et surtout une ceinture cloutée.

Un bon point pour vous, inspiré Président : vous vous êtes dit qu'allant à confesse parler de l'excellente morale des « curés », il fallait pardonner à ce prêtre d'avoir clamé fort : « Malheur à celui qui ose interpeller les jeunes de banlieue en les traitant de racailles. » Mais peut-être, curieusement, admettez-vous plus facilement la critique d'ecclésiastiques que d'intellectuels. Comme si c'était un peu leur rôle officiel dans la République de rappeler certaines valeurs morales.

Ne reculant devant aucun sacrifice, vous avez aussi joint Max Gallo à la bande. C'est un gaullo-chevènemento-mitterrando-sarko-souverainiste. Qu'est-ce qu'il faut travailler plus pour pouvoir académiser plus ! Je suis un peu dur avec Gallo, je le reconnais, c'est un bon conteur, à défaut d'être un bon historien. Mais je l'ai entendu une fois dire sur un plateau de télévision quelque chose comme : « Nous avons le même objectif, le même amuuur de la Ffffrance, mais pas par les mêmes moyens. » Il s'adressait alors à Philippe de Villiers ! Ce soir-là, je me suis dit : « Monsieur Gallo, nous ne partageons pas les mêmes valeurs. »

Quelle belle troupe ! Son seul défaut : elle fleurait un peu trop l'ouverture. Alors, pour équilibrer son ADN, vous y avez adjoint Patrick Buisson, conseiller très officieux, très spécial, mais aussi (dit-on) très puissant. À tout le moins, il ne s'agit pas d'un gauchiste échevelé : il a été directeur de l'hebdo d'extrême droite *Minute*.

Ah ! j'oubliais le principal, la passagère

clandestine : la future belle-mère, Mme Marisa Bruni-Tedeschi. On aimerait bien savoir pourquoi elle est venue (sans être présentée au pape). Est-ce Carla qui l'a imposée pour vous faire surveiller du coin de l'œil ? Est-ce vous qui l'avez choisie pour embêter votre propre mère, Andrée, en guerre contre l'Italienne ? Les injures fusent tellement entre elles deux que l'on se croirait dans un beau débat d'idées entre Bernard-Henri Lévy et Henri Guaino !

Cette dame vous a accompagné à Rome mais pas à l'audience privée avec le pape : elle était sûrement punie d'être la mère de votre maîtresse (selon la probable terminologie vaticane). De cette inélégance (pour utiliser une litote), vous n'êtes pas responsable. La morale officielle catholique n'est certes pas celle de l'instituteur ou de la société civile quant aux mœurs. Elle contraste toujours avec celle d'un certain Jésus de Nazareth qui interpellait les faux-culs de son époque pour leur demander lequel oserait jeter la première pierre.

Sur ce terrain, l'Église catholique n'a guère évolué depuis Jules Ferry. Ce dernier était marié civilement sans l'être religieusement. Et le nonce apostolique lui avait fait savoir qu'il devait soigneusement éviter de lui présenter son épouse, car lui, nonce, ne pourrait que refuser de lui serrer la main !

Et voilà, quelques jours avant Noël, vos amis et vous-même foulant le sol de la Rome impériale et papale. Vous étiez peut-être sincèrement ému. Je vous l'accorde volontiers et estime assez pertinent ce qu'écrit *Libération* : « Nicolas Sarkozy n'est ni un fou de Dieu ni un idéologue néoconservateur faisant du bien et du mal l'alpha et l'oméga de sa philosophie. Mais lui qui ne croit pas fondamentalement à grand-chose d'autre qu'aux cotes de popularité ou aux rapports de forces est sincèrement bouleversé par ceux qui croient. Les grandes figures religieuses comme sœur Emmanuelle le chamboulent. Tout comme la dimension émotionnelle des religions. La vie monastique le fascine et il lui arrive de faire un saut dans une abbaye[2]. »

Vous êtes paradoxal et cela vous a fait commettre votre première erreur de com. Rappelez-vous, vous veniez juste d'être élu et pas encore intronisé. Vous avez laissé répandre le bruit que vous alliez vous retirer quelques jours pour méditer dans un monastère. Après tout, c'était sans doute effectivement votre idée. Mais votre ami Bolloré vous a dit : « Fais pas l'idiot, Nicolas, j'ai bien mieux, un chouette monastère flottant, un petit yacht de milliardaire. » Et vous n'avez pas su résister. Que celui qui est sans contradiction vous jette la première pierre ! Ce ne sera certes pas moi.

Comme l'écrit *Libé*, la dimension émotionnelle de la religion vous touche beaucoup plus que les dogmes. Et en cela vous êtes moderne. Plus encore, c'est la force, l'énergie que peuvent donner des convictions religieuses qui vous attire. Votre conception de la religion n'est pas éloignée de celle d'Émile Durkheim. Comme quoi on peut être un brin sociologue sans le savoir. Quant à affirmer que vous ne croyez pas « fondamentalement à grand-chose », je serai un peu plus prudent. J'examine vos discours, je vous lance quelques mauvaises piques sur ce que vous donnez à voir publiquement dans l'exercice de vos fonctions. Je ne prétends pas connaître votre for interne. Je ne me hasarderai pas à piétiner le jardin secret de votre conscience. La petite expérience que j'ai du monde politique me fait penser que ses membres sont moins cyniques qu'il n'y paraît. J'ai ouï dire qu'avec votre première épouse, vous assistiez régulièrement à la messe en l'église Saint-Pierre de Neuilly. Mais votre divorce vous aurait fait prendre quelque distance. Il est clair en tout cas que vous ne pouvez plus être reçu à la communion de votre sainte mère l'Église catholique. Et, qui sait, c'est peut-être une blessure.

Tout ce petit monde (sauf Marisa) se retrouve donc, le 20 décembre au matin, pour faire causette avec le pape. Pressé, comme toujours, vous avez traversé, Président pèlerin, la salle Clémentine au Vatican sans un regard pour les frasques, pardon, les fresques de la Renaissance. D'un œil, vous cherchiez les journalistes, un sourire en coin. Ils étaient bien présents. Rassuré, vous avez salué Benoît XVI, d'une franche poignée de main, sans vous incliner (et, de mon point de vue, vous n'aviez pas à le faire)[3]. Vous connaissant bien, quelqu'un vous avait prévenu : on ne touche pas le pape ! Cela vous démangeait, votre bras se balançait, s'agitait. À la fin, vous n'avez pas pu vous retenir, et nous vous avons tous vu, à la télé, lui taper la main sur l'épaule. Ce n'était guère protocolaire ! Remarquez, il y avait bien pire : Gaudin, lui, mâchait ostensiblement son chewing-gum. Une petite leçon de « *morale de l'instituteur* », même si elle ne « *remplace pas la morale du curé*», aurait pu l'avertir que cela ne fait vraiment pas poli !

Vous avez présenté votre délégation à Benoît XVI, et surtout sa fine fleur : Jean-Marie Bigard soi-même. Vous avez dit de lui : *« C'est un mec bien ; il remplit le Stade de France. »* Le critère est sans réplique. Il me paraît très clair que pour devenir un mec aussi bien, Rémi Brague doit encore accomplir de très sérieux efforts. Actuellement, il remplit tout juste une salle de cours de Harvard ou de la Sorbonne. Le pape a dû être extrêmement impressionné, car quand il était professeur dans une université allemande, il ne faisait pas mieux que Brague. Quel dommage que vous vous soyez trompé ensuite et que vous ayez remis au Souverain Pontife deux éditions inédites d'ouvrages d'un obscur tâcheron, Bernanos, dont les plaisanteries n'ont jamais rempli le moindre stade. Il est vrai que vous lui avez aussi remis votre propre livre. Ceci compensait cela.

L'après-midi était votre heure de gloire. Sarko chanoine, même pour un mauvais esprit comme moi, c'est assez sympa. En effet, vous obligez l'Église catholique à évoluer, étant le premier chanoine divorcé. Mais j'ai un regret, j'aurais voulu Ségolène Royal et comme présidente et comme chanoinesse. Une femme chanoine : le pas en avant ecclésiastique aurait été encore bien plus grand. Elle s'y préparait bien d'ailleurs : « Aimez-vous les uns les autres », proclamait-elle à tout-va. Personne n'avait compris pourquoi. Même que votre conseiller culturel Georges-Marc Benamou, ex-mitterrandolâtre, affirme vous avoir rejoint « parce qu'il ne supportait pas Ségo, qui fleurait trop le bénitier ». En voilà un qui va recevoir le grand prix du flair politique.

La tradition vous donnait le droit d'entrer à la basilique du Latran à cheval. Vous n'en avez pas profité, dommage, ç'aurait eu du chien. Vous avez préféré provoquer, chez vos auditrices et vos auditeurs, une autre surprise : « Je m'attendais à un discours conventionnel, or [Nicolas Sarkozy] a exprimé ses propres positions[4] », s'est réjoui le cardinal jésuite Albert Vanhoye. Vous les avez même dites de façon beaucoup plus unilatérale que dans votre livre d'entretiens, alors même que votre statut de président de la République laïque en visite officielle aurait dû, au contraire, recentrer votre propos.

Vous avez donc donné votre cours de théologie et d'histoire ecclésiastique devant un ensemble chatoyant de soutanes et de cornettes. Vous aviez devant vous, en particulier, les jeunes prêtres du séminaire français, souvent présentés comme l'ENA de l'Église catholique de France. Nous allons décrypter en détail votre discours. Il suivit la célébration des vêpres (office du soir chanté par les prêtres et les religieux), cérémonie qui vous a officiellement intronisé comme chanoine d'honneur de la basilique. Mais il ne s'est pas agi d'une messe. Une manière d'éviter tout risque que vous veuillez y communier, alors que, selon la discipline de l'Église catholique, un divorcé remarié n'y est pas autorisé.

De toute façon un président de la République laïque, assistant ès qualités à un office religieux, ne devrait jamais communier. C'est la règle que s'était fixée de Gaulle. Elle me semble juste et équilibrée ; elle se tient à égale distance de la laïcité sectaire à la Michel Charasse, encore plus bête que méchante, pour qui un homme politique n'aurait pas le droit de franchir la porte d'une église, et de la confusion introduite par votre prédécesseur, Jacques Chirac, prétendument laïque tendance rrrrépublicaine et qui, pourtant, a communié ès qualités.

Si j'ai un peu insisté sur la mise à l'écart de Marisa Bruni-Tedeschi et l'absence de messe visant votre propre moralité, ce n'est certainement pas pour dénier à l'Église catholique le droit d'avoir ses propres règles canoniques. La loi de 1905, article 4, lui reconnaît totalement le droit de s'organiser comme bon lui semble, et c'est tant mieux. C'est aux catholiques eux-mêmes de savoir s'ils acceptent ou s'ils contestent ces règles ; moi, je ne suis pas de cette confession. Mais il est important de constater les conséquences pratiques de telles normes. Elles montrent qu'un président de la République peut être considéré par l'institution ecclésiale, à l'intérieur de son système sacramentel et liturgique, comme une ouaille de seconde zone, et donc qu'il existe un dissensus sur ce point entre les valeurs dominantes catholiques et les valeurs dominantes de la société civile.

Deux morales qui n'entretiennent pas la même logique. On peut prétendre que l'une est plus exigeante que l'autre, un tantinet laxiste. On peut également, et je suis résolument dans cette position, estimer la morale civile plus humaine, et peut-être même plus morale que la morale catholique. Non que le libertinage soit mon idéal. Mais parce qu'une fidélité vivante doit se construire dans la relation elle-même et non être imposée par une autorité extérieure.

J'ai d'abord beaucoup ri en lisant le passage de votre discours où vous comparez la vocation sacrificielle des prêtres et des religieuses à la vôtre. « *Je mesure les sacrifices que représente une vie tout entière consacrée au service de Dieu et des autres [...]. Sachez que nous avons au moins une chose en commun : c'est la vocation [...]. Je comprends les sacrifices que vous faites pour répondre à votre vocation parce que moi-même je sais ceux que j'ai faits pour réaliser la mienne.* » J'imaginais certains cardinaux avalant leur dentier en entendant un deux fois divorcé comparer ses « *sacrifices* » aux leurs. Je trouvais cela aussi gonflé que d'avoir réuni dans un même ministère Christine Boutin et Fadela Amara.

Oui, j'ai ri et j'ai eu tort. Vous écrire cette lettre ouverte m'oblige à prolonger ma réflexion. Maintenant, je trouve vos propos un peu pathétiques. Outre qu'effectivement vous êtes entré en politique par la militance et non par les cabinets ministériels, je me demande si la logique de tout cela, du livre d'entretiens au discours chanoinesque, n'est pas due en partie au fait que vous vous êtes senti rejeté par votre sainte mère, lors de votre divorce* ? Et si cette volonté acharnée d'exprimer vos convictions personnelles, d'insister à temps et à contretemps sur « *l'espérance* », alors que votre métier est de vous montrer arbitre, comportait un message subliminal : Je ne suis pas une brebis galeuse. J'ai le droit d'espérer en la miséricorde divine ?

Psychanalyse de Monoprix, me diront certains. Peut-être. Mais après tout, vous ne seriez pas le premier homme d'État à adopter une attitude aussi pathétiquement affective envers celle qui se fait nommer « l'Église », comme s'il n'en existait qu'une seule. Émile Combes, l'auteur de la loi la plus anticléricale de la III^e^ République, était un ancien séminariste que l'Église catholique avait trouvé trop hétérodoxe pour le prendre à son service. Il la poursuivit de sa hargne. Vous, vous la poursuivez de vos assiduités et, nous allons le voir, certains évêques français les trouvent bien encombrantes.

---

* D'après ce qui se dit, vous auriez communié lors de la messe à la mémoire de l'Abbé Pierre, et le prêtre qui vous aurait donné la communion se serait fait remonter les bretelles par son Église, et vous-même avertir discrètement de ne plus le faire.

Oui, puisque vous opérez un court-circuit entre personne et fonction, je me hasarde à une interprétation qui s'aventure sur le terrain de votre personnalité. Elle comporte l'avantage de n'être pas dupe des apparences. Votre côté bling-bling n'est pas tout de vous, loin de là. Et, paradoxalement, vous avez repris (et radicalisé !) la stratégie de Chirac d'apparaître superficiel alors que vous êtes complexe. Que mon exégèse soit juste ou fausse, je suis persuadé que l'explication de votre rapport présidentiel à la religion se trouve pour une part dans votre itinéraire personnel (nous verrons plus loin la stratégie politique). Sachez, pourtant, que la mise à distance est une qualité indispensable pour « *faire président* ». Pour être le président de toutes et tous. Il est donc urgent de vous exercer à cette mise à distance, de la pratiquer.

# III

# *De la morale laïque, Sarkozy contre Jules Ferry*

Il vous a été énormément reproché d'avoir proclamé l'infériorité de la morale de l'instituteur sur celle du curé. D'ailleurs un sondage commandité par *Le Figaro* (qui n'est quand même pas le pire de vos ennemis !) s'est révélé sans appel : 73 % des Français ont désavoué vos propos. Vous avez alors tenté de jouer au pompier, après vous être montré pyromane. « *Je n'ai jamais dit que la morale laïque était inférieure à la morale religieuse* », avez-vous certifié à vos auditeurs du CRIF. Mot à mot, non. Mais...

Vous avez dit exactement ceci, chaque terme compte : « *Dans la transmission des valeurs et dans l'apprentissage entre le bien et le mal, l'instituteur ne pourra jamais remplacer le curé ou le pasteur, même s'il est important qu'il s'en approche, parce qu'il lui manquera toujours la radicalité du sacrifice de sa vie et le charisme d'un engagement porté par l'espérance.* »

Et un peu avant : « *S'il existe incontestablement une morale humaine indépendante de la morale religieuse, la République a intérêt à ce qu'il existe aussi une réflexion morale inspirée de convictions religieuses. D'abord parce que la morale laïque risque toujours de s'épuiser ou de se changer en fanatisme quand elle n'est pas adossée à une espérance qui comble l'aspiration à l'infini. Ensuite et surtout parce qu'une morale dépourvue de liens avec la transcendance est davantage exposée aux contingences historiques et finalement à la facilité.* »

Entre nous, reconnaissez-le, le sens dominant de votre discours n'est pas niable. Alors, franchement, dites-moi, qu'alliez-vous faire dans cette galère ? Vous n'avez jamais lu Pagnol ? Cela vous amuse de réveiller une querelle historique longue et passionnée, très présente dans l'imaginaire national mais que tout un chacun espérait terminée depuis belle lurette ?

Voilà des décennies, en effet, que la hiérarchie de l'Église catholique ne met plus en cause l'école et la morale laïques. La dernière fois, c'était en... 1925. Vous n'étiez pas né et moi non plus. Faut-il réveiller les morts ? Faire revivre les conflits du passé ? Et vous, Président d'une République laïque, vous situer explicitement dans l'ex-camp d'en face ?

D'autant que, si vous comptiez caresser dans le sens du poil la hiérarchie catholique, c'est raté. Certains membres de l'épiscopat français, indique *Le Monde*, « jugent anachronique, voire dangereux, de réveiller une "guérilla entre curés et instituteurs"[1] ». Déjà en 2004, à la parution de votre livre, un évêque, Claude Dagens, vous « faisait savoir que l'épiscopat n'avait pas l'intention de jouer un rôle de supplétif[2] ».

Curé *versus* instituteur ; morale inspirée de conviction religieuse *versus* morale laïque. Cette partie du discours latrano-vaticanesque se situe dans le présent et non dans le long historique qui commence le propos. Elle reste cependant pétrie d'histoire. On ne dit plus, en effet, depuis pas mal de temps déjà, « *instituteur* » mais « professeur des écoles ». Quant à « *morale laïque* », vous réutilisez une belle expression (et je serais le premier à vous en féliciter si vous ne l'aviez pas dépréciée, sitôt mise en avant) dont l'usage social s'est progressivement raréfié dans la seconde moitié du XX^e^ siècle.

Par ces emplois, vous démontrez, à votre insu, que la France possède d'autres racines que les « *racines chrétiennes* ». Elle est aussi irriguée par la sève de racines laïques qui font partie d'une histoire on ne peut plus actuelle et qui relient cette histoire à notre devenir. Pourtant, cette histoire, vous la déformez*, ou vous la rejetez dans l'impensé. Il faut donc l'expliciter et, grâce à elle, relier passé et présent.

Je vais ici un peu brouiller les cartes. L'homme politique français qui, avant vous, a exprimé une idée proche de la vôtre est... Émile Combes, dont nous venons de parler. Oui, votre propos rappelle celui du pourfendeur des congrégations, ex-séminariste. Voilà ce que Combes avait affirmé : « Un peuple n'a pas été nourri en vain pendant une longue série de siècles d'idées religieuses, pour qu'on puisse se flatter d'y pouvoir substituer, en un jour, d'autres idées contraires à celles-là. [...] Notre société ne peut se contenter de simples idées morales, telles qu'on les donne actuellement

* Cf. chapitres VII à IX.

dans l'enseignement superficiel et borné de nos écoles primaires. [...] Nous considérons en ce moment les idées morales telles que les Églises les donnent – et elles sont les seules à les donner en dehors de l'école primaire – comme des idées nécessaires. » C'était à la Chambre des députés, le 26 janvier 1903.

Les idées morales d'origine religieuse sont des idées socialement nécessaires. Un journaliste aurait pu, à bon droit, résumer ainsi votre propos chanoinesque : « Sarkozy, Émile Combes II, le retour » ! Ce rapprochement entre vous et Combes me semble d'autant plus intéressant qu'à première vue il paraît totalement incongru. Votre « *laïcité positive* » se veut le contraire de la laïcité combiste. Elle en est pourtant la sœur ennemie. Et il faut rappeler cette proximité pour pouvoir poser une impertinente question : qu'est-ce qui peut bien pousser un bouffeur de curés et un chanoine néophyte, ravi de l'être, à énoncer les mêmes billevesées ?

Pour Combes, le diagnostic est clair : d'abord, l'homme – plus complexe que les mémoires cléricales et anticléricales ne le croient – n'a jamais perdu une « *aspiration à l'infini* ». Il se voulait « philosophe spiritualiste » et se montrait chaud partisan de la religion civile à la Jean-Jacques Rousseau comme il en fit confidence à la princesse carmélite Jeanne Bibesco à laquelle le liait une relation passionnée[3]. On verra que vous-même, vous vous situez dans une autre perspective de religion civile.

Ensuite, début 1903, le discours du radsoc Combes n'est pas celui qu'il tiendra plus tard : pour l'heure, il répond à un député socialiste, partisan de la séparation des Églises et de l'État, Maurice Allard, et lui, Combes, veut conserver le Concordat avec Rome. Car la morale religieuse reconnue d'utilité publique par l'État, ce ne peut être que le Concordat. Ce fameux Concordat reliant l'Église et l'État, d'abord de 1516 à 1790, ensuite à partir de 1801-1802. Concordat supprimé en 1905 par la loi de séparation des Églises et de l'État. Votre insistance sur « *notre religion majoritaire* » catholique rappelle aussi le Concordat, qui affirmait que la religion catholique était celle de « la grande majorité des Français ».

D'ailleurs, vous, Philippe Verdin, qui êtes le moins entraîné de toutes les plumes à l'esquive politique, vous lâchez candidement le morceau en affirmant sans ambages : Nicolas Sarkozy « a un côté un peu Bonaparte, un peu concordataire[4] ».

Voyez vers quels abîmes votre discours nous entraîne, Président impérial : non plus actualiser, toiletter la loi de 1905, non plus même la modifier, mais bel et bien l'abolir, symboliquement et moralement, même si vous la conservez institutionnellement.

Combes voulait garder le Concordat, dans l'optique de religion civile qui était la sienne et aussi dans la perspective d'un bras de fer avec l'Église catholique où le Concordat lui paraissait une arme au service de l'État. Il n'allait pas tarder à s'apercevoir qu'il s'agissait d'une illusion. Dix-huit mois après son discours sur les « idées nécessaires », il changeait son fusil d'épaule, affirmait que l'Église catholique avait elle-même rompu le lien concordataire. En septembre 1904, il déclarait, cette fois, la séparation nécessaire. Aristide Briand, président de la Commission parlementaire, avait déjà commencé à prendre le relais et devait brillamment réussir une séparation libérale, bien différente de celle qu'envisageait Combes. Cela grâce, Briand l'a dit lui-même, à une laïcité « de sang-froid ».

Monsieur le Président, n'empruntez pas ce chemin à rebours. Ce serait une immense erreur.

Admettez donc qu'un titre de chanoine ne vaut pas une séparation ! Admettez aussi qu'on n'a pas besoin d'être un laïcard sectaire et borné pour refuser énergiquement vos propos. D'autant que la tentation concordataire est loin d'être absente en France. Il nous faudra y revenir à propos de votre « *laïcité positive* ».

Sachez-le, des passages entiers de vos discours ne sont pas laïques. Comme ceux de Combes, ils se situent dans la droite ligne de la religion civile.

Vos propos ne sont en rien laïques et, si vous voulez vous inspirer d'un grand ancêtre, prendre « *racine* » au temps des « *instituteurs* », appelez à votre secours les mânes de Jules Ferry plutôt que celles du petit père Combes. Vous allez le constater, avec Ferry, on sort vraiment de votre perspective néocléricale... pour retrouver les fondements de la laïcité.

En ce temps-là, la France se trouvait livrée à un combat entre deux minorités actives, les cléricaux et les anticléricaux.

Les cléricaux estimaient la morale religieuse indispensable pour l'ensemble de la société française ; le catholicisme leur apparaissait « l'âme » de la France. Certains d'entre eux, avec le vocabulaire de leur époque, auraient presque pu dire, comme vous à Riyad : *« Dieu n'asservit pas l'homme mais le libère. Dieu qui est le rempart contre l'orgueil démesuré et la folie des hommes. Dieu qui [...] ne cesse de délivrer à tous les hommes un message d'humilité et d'amour, un message de paix et de fraternité, un message de tolérance et de respect. »*

Vous allez me rétorquer : « Et pourquoi pas ? » Je vais vous étonner, Président : je suis protestant et, s'il y a un Dieu auquel je crois, c'est bien celui qui « *libère* ». Qui libère, y compris d'une morale rigide et peu miséricordieuse telle celle officiellement prônée par le Vatican et d'autres autorités religieuses.

Malgré cette conviction personnelle, votre discours me choque, me blesse. Car, si je vais sur le site de l'Élysée, je lis « Allocution du président de la République ». L'individu Nicolas Sarkozy peut très bien croire, et même publiquement répondre, si on lui demande quelles sont ses convictions propres : « Je crois que *Dieu n'asservit pas** ... » Mais en enlevant l'aspect personnel, en mélangeant l'individu (égal à tous les

* C'est pourquoi votre référence (lors du dîner du CRIF) aux propos de François Mitterrand : « Je crois aux

autres) et le chef d'État (temporairement, par fonction, au-dessus des autres), vous commettez la même faute que les cléricaux du XIX^e^ siècle. Ces derniers ne se contentaient pas de croire à ce qu'ils croyaient mais trouvaient normal d'imposer un cours d'instruction morale et religieuse à l'école publique, au moment même où l'instruction devenait obligatoire.

L'État n'a pas à croire à ma place, à la place de chacun d'entre nous. « On ne vote pas sur Dieu dans les Assemblées [politiques] », déclarait déjà Jules Ferry. Dès que la foi devient une affaire d'État et non plus un choix personnel, le cléricalisme est présent. Il ne faut pas s'étonner si cela provoque des réactions anticléricales.

Sous Ferry, les anticléricaux trouvaient la morale religieuse autoritaire, passéiste et obscurantiste. Elle leur apparaissait incompatible avec la démocratie, l'exercice de la raison, la citoyenneté républicaine. Il fallait donc la combattre, la détruire. Un peu comme si, demain, un nouveau président prenait le contre-pied de vos propos et déclarait : « Dieu n'est rien d'autre qu'une illusion sous laquelle l'homme s'humilie. La Répu-

forces de l'esprit » ne justifie nullement votre attitude. Mitterrand avait dit « je ».

blique a besoin d'une morale débarrassée des fausses transcendances et résolument humaine. La vocation de prêtre, qui consacre sa vie à un être fantomatique, est de moindre valeur que la vocation d'instituteur[5]... » Que n'entendrions-nous pas, alors, de la part des croyants qui se sentiraient agressés par leur Président... et qui auraient raison !

Face à ces deux France (et aujourd'hui à ce que l'on appelle la « diversité » où nous devons nous-mêmes nous inclure), nous retrouvons la nécessaire figure de l'arbitre. À une époque où le cléricalisme devait être combattu pour ne pas continuer à dominer la vie publique, Jules Ferry instaure, par la loi du 28 mars 1882, la morale laïque à l'école publique. Certes, cela implique la défaite des cléricaux puisque le cours d'instruction morale et religieuse se trouve supprimé. Mais cette défaite ne constitue pas, pour autant, une victoire du camp anticlérical. La morale religieuse n'est pas remplacée par une morale antireligieuse. Plusieurs membres de sa propre majorité vont le reprocher au ministre de l'Instruction publique. À tel point d'ailleurs qu'il arrivera que des députés de la gauche anticléricale et de la droite cléricale (partisans de la politique du pire) s'unissent pour ôter à cette loi de

1882 un de ses accommodements. Ferry parlera alors de « faute politique » due à « l'esprit de secte ».

Les autres accommodements ont tenu bon et un anticlérical bon teint pouvait se montrer mécontent de Ferry. Cela pour (au moins) trois raisons.

D'abord, je viens de l'indiquer, Ferry veille soigneusement à ce que la morale laïque ne soit pas le contraire de la morale religieuse, ne comporte rien d'antichrétien. Quand des manuels de morale laïque sont suspectés, il demande à son ami, le pasteur protestant évangélique Edmond de Pressensé, de lui dire ce qu'il en est. D'ailleurs, avant même de prendre cet avis, il a perçu que l'un des manuels, celui rédigé par Paul Bert, comportait quelques passages qui pouvaient choquer et... une opportune réédition les a supprimés.

Ensuite, les anticléricaux fustigent la morale laïque qui « prétend faire vivre côte à côte le prêtre et l'instituteur », ce qui serait « l'œuvre de législateurs qui n'ont [de leur point de vue] aucune conviction ni en morale ni en science[6] ». Nous allons le voir, ils ont commis une erreur identique à la vôtre, Président : il ne s'agit pas vraiment d'un « côte à côte ».

Certes, la semaine scolaire est trouée en son milieu : le jeudi (plus tard le mercredi) est libre pour « faciliter » l'enseignement du cathéchisme « des grandes religions en France ». Mais cela est, en même temps, séparation. Le jeudi, l'emploi du temps est libre. Chaque parent en fait ce qu'il veut. Il est instauré une séparation de la morale laïque et des morales religieuses, plus exactement des diverses morales convictionnelles (Ferry citait aussi des morales philosophiques de son époque : le saint-simonisme, les systèmes moraux de Pierre Leroux et d'Auguste Comte). Jamais Ferry n'aurait déclaré qu'il « *est important* » que la morale de « *l'instituteur se rapproche* » de celle du « *curé* » ou du « *pasteur* », comme si la morale religieuse constituait le modèle à suivre de la morale laïque.

Pour lui, la morale laïque est une morale horizontale, différente et compatible avec diverses options verticales en matière philosophique et religieuse : « Tous les réconforts, tous les appuis qui peuvent fortifier l'enseignement moral – qu'ils viennent des croyances idéalistes, spiritualistes, théologiques même –, tous ces appuis sont bons », affirme-t-il au Sénat. Et quand on étudie les cahiers des écoliers, on s'aperçoit qu'effectivement, cet aspect arbitral de la morale laïque, laissant ouverts des choix à un autre niveau, celui du sens plus existentiel, a été compris et pratiqué dans leur labeur quotidien par la très grande majorité des « hussards noirs » de la République. La France a bénéficié de milliers de Jules Ferry. Plus encore, elle s'est moralement et intellectuellement enrichie de l'œuvre de milliers de Julie Ferry, ces remarquables institutrices qui, en butte à des attaques, se sont montrées sereines et finement intelligentes[7].

Mais cette morale horizontale et longtemps consensuelle, en fait, vous ne semblez guère l'apprécier. Ordinairement, votre distance avec la morale laïque est plutôt induite par une promesse hédoniste devant accompagner travail et réussite sociale, plus que par une « *espérance* » en une « *transcendance* ». Rolex, yacht et vacances de riches en sont les symboles ostentatoires. Alors, n'est-ce pas un peu vous-même que vous avez critiqué en dénonçant, au Latran, les « *facilités matérielles* » et la « *frénésie de consommation* » qui, selon vous, constitueraient la perte de substance de la morale laïque actuelle ?

Je peux vous rassurer. Certes, ces « *facilités* » existent. Mais intéressez-vous davantage au tissu associatif qui constitue une richesse culturelle et sociale de notre pays. Vous y verrez se côtoyer ceux qui « *croient au ciel* » et ceux qui « *n'y croient pas* » (dont vous parlez à Riyad) et souvent vous les verrez tous, bénévolement, ne compter ni leur temps ni leur peine, incarnant ainsi la valeur on ne peut plus laïque de solidarité.

# IV

# *De la morale laïque (suite), Rawls plutôt que Bigard*

De façon dominante, donc, la morale laïque a été enseignée d'une manière conciliatrice, sans prétendre se situer sur le même plan que la morale religieuse. En mettant les deux morales sur le même plan, pour décréter l'insuffisance de l'une par rapport à l'autre, en affirmant que la morale laïque doit être complétée par « *une espérance qui comble l'aspiration à l'infini* », qu'une morale publique ne doit pas être « *dépourvue de liens avec la transcendance* », vous quittez le terrain de la laïcité pour entrer dans celui, fort dangereux, de la religion civile. Vous vous enfoncez d'ailleurs un peu plus encore au dîner du CRIF. Vous y avez affirmé, en effet, que ces deux morales « *sont complémentaires* ». Si c'était le cas, la morale religieuse devrait être enseignée et transmise de la même manière que la morale laïque. Or cela irait contre la liberté de conscience la plus élémentaire.

La morale laïque est et doit être une morale partagée, c'est elle qui fait que le lien social ne repose pas seulement sur une communauté d'intérêts mais également sur des valeurs, des principes qui constituent des objectifs, ainsi qu'une socialité de base indispensable au vivre ensemble. Cette bipolarité, vous semblez l'avoir comprise, merveilleux Président, vous parlez en effet d'une part de « *la transmission des valeurs* », de l'autre de « *l'apprentissage entre le bien et le mal* ». C'est juste après que vous dérapez « grave » (comme dirait Philippe Verdin).

Les valeurs de notre morale laïque actuelle sont inscrites dans le préambule de la Constitution. Il s'agit de la Déclaration des droits de 1789, avec l'ajout de « principes particulièrement nécessaires à notre temps ». Par exemple, il est affirmé que « la loi garantit à la femme, dans tous les domaines, des droits égaux à ceux de l'homme », ce qui n'était nullement le cas en 1789. Olympe de Gouges, qui avait rédigé une version féministe de la Déclaration des droits, l'a appris à ses dépens : elle fut guillotinée. En

1999, il a été ajouté à la Constitution que « la loi favorise l'égal accès des femmes et des hommes aux mandats électoraux et aux fonctions électives ».

La laïcité et ses valeurs sont donc en mouvement. C'est pourquoi vous avez eu une bonne idée en proposant d'actualiser le préambule. Ne la gâchez pas en donnant à cette actualisation un parfum clérical qui l'embrumerait, provoquerait une légitime réaction de rejet.

Les valeurs partagées, les principes qui sont à la base du lien social, peuvent se résumer de façon permanente, par la devise « Liberté, Égalité, Fraternité ». Certes, l'enseignant doit les « *transmettre* », mais il est loin d'être le seul concerné. Le débat politique et social devrait porter sur les meilleurs moyens de les comprendre, de les réaliser en tenant compte des contraintes qui pèsent sur les situations concrètes. La meilleure transmission n'est-elle pas l'exemple ?

Puisque vous êtes maintenant aux affaires, cela doit vous obséder chaque matin en vous rasant, n'est-ce pas ? Sinon, nous allons tous penser que ce « pouvoir nommé désir[1] » ne concernait que vous-même, mais pas la France et les Français. Beaucoup le pensent déjà et je m'étonne moi-même de ma gentillesse en vous accordant un sursis. Car reconnaissez qu'il est difficile d'invoquer la « *radicalité du sacrifice* » et le refus de la « *facilité* » sans se montrer très exigeant à l'égard de soi-même. Ou alors votre propos théologal serait baliverne voire tromperie. Le discours du Latran prendrait ainsi un petit air de sacrilège.

Rendre opérationnels les principes fondateurs du lien social, c'est là ce que l'on attend du Président, des autres leaders politiques et des forces vives de la société civile. Ni plus ni moins. C'est à ce sujet qu'ils doivent être eux-mêmes porteurs d'« *espérance* », de propositions fortes, novatrices, de projection dans l'avenir même s'ils ne doivent pas promettre un trompeur paradis sur terre. Il ne s'agit donc pas seulement d'une transmission scolaire. Quant à « *l'apprentissage entre le bien et le mal* », je suis de ceux qui pensent qu'il concerne effectivement aussi l'école, donc la nation, au niveau, en tout cas, de la moralité élémentaire du vivre ensemble. Mais sachez que c'est un point de vue et qu'il y a débat.

Non, non, détrompez-vous, ce n'est ni Bigard ni Christian Clavier qui l'ont lancé. C'est un certain John Rawls, dont je reconnais qu'il n'a jamais été capable de remplir ne serait-ce que la moitié d'un stade. À défaut, ce philosophe a écrit un ouvrage[2] dans lequel il entend séparer le juste (se fondant, non sur une égalité arithmétique, mais sur l'équité dans l'organisation sociale) et le bien. Je vais vous en faire un rapide compte rendu, car je ne suis pas sûr que votre mentor, Philippe Verdin, ait vraiment lu cet auteur.

Selon Rawls, la séparation du juste et du bien se révèle indispensable pour que les principes sur lesquels s'organise une société et se définissent les règles de l'intérêt général dépendent du consentement de l'ensemble du peuple, non d'une de ses parties. Et vous savez comment se dit « peuple » en grec (eh oui, ces gens se réfèrent au grec et pas au verlan, excusez-les, bon prince) ? Je vous le donne en mille : cela se dit *laos.* Le terme « laïcité » provient de là. Nous ne quittons pas notre sujet, bien au contraire.

Alors, je résume, je schématise car j'espère que François Hollande me lira aussi, et j'ai en mémoire le cliché où il s'est fait complaisamment photographier en train de feuilleter *L'Histoire de France pour les Nuls.* Il me faut donc écrire un chapitre de philosophie de la laïcité pour les Nuls.

Reprenons : pour que la justice (au sens large de règles justes organisant une société) soit l'expression du *laos*, autrement dit soit une justice laïque, il faut qu'aucun individu, aucun groupe social, aucune communauté ne cherche à tirer la couverture à soi, à définir ces principes justes, à partir de sa propre conception du « bien » et du « mal ». Rawls a été influencé par la *game theory*, la théorie du jeu : quand nous jouons, nous oublions un peu le monde extérieur et ses normes, nous prenons même quelque distance avec ce que nous sommes habituellement (âge, sexe, statut social, religion, origine ethnique...) pour nous concentrer sur le jeu lui-même et ses règles, ses contraintes propres, sa procédure.

De même, dans le jeu social – et cette construction philosophique se veut une actualisation des théories du contrat social pour des sociétés modernes –, il faut que les différents joueurs, les différents acteurs, acceptent de prendre leur distance à l'égard de leurs conceptions de la vie, du « bien », de leurs visions anthropologiques... qui ne sont pas les mêmes suivant les joueurs. En revanche, ils doivent accepter les mêmes règles et, si possible, ne pas tricher avec. Ils doivent rechercher ensemble les solutions justes pour concilier deux désirs antagonistes : celui de la plus grande liberté individuelle et celui de la plus grande égalité possible. Un « principe d'égale liberté ».

Rawls qualifie cette mise entre parenthèses des convictions de la vie bonne de « voile d'ignorance ». Comme si les acteurs étaient des aveugles, incapables de percevoir leurs propres caractéristiques et celles des autres, et situés ainsi dans une position de neutralité.

Mais vous n'ignorez pas, Président lettré, comment sont ces foutus philosophes. Incapables de faire en sorte que le chef commande et que les autres exécutent. Toujours à discutailler. Alors ils se sont disputés pour répliquer à Rawls. Ils ont fait leurs intéressants. Un « communautarien-républicain », Michael Sandel, a soulevé les jupes du « voile d'ignorance » ; dessous, il a aperçu non seulement des « êtres juridiques », mais aussi des « êtres sociaux » disposant de ressources culturelles provenant d'histoires particulières, de traditions communautaires. Il pense que ces ressources ne peuvent être mises entre parenthèses. Il prône alors une « république du bien commun », sorte de décantation de différentes conceptions du bien, qui demande un engagement citoyen plus fort que celui de Rawls, en termes de loyauté[3].

Un autre philosophe, presque de chez nous (il est belge), Guy Haarscher, fait remarquer que « ce que l'on gagne [alors] en termes de loyauté [étatique], de morale et d'engagement, on risque de le perdre en termes de laïcité », car « une morale laïque [doit permettre] à des individus qui pensent différemment à propos du sens ultime de la vie [et de bien d'autres choses] de se rassembler dans une communauté de citoyens ». Il ne faut donc pas « en revenir à une fusion du juste et du bien », au danger de « l'arrimage de la laïcité à une tradition particulière, se prétendant universelle, comme l'athéisme [...] ou à l'inverse la sainte alliance des confessions[4] ».

Vous connaissez ces philosophes, le débat avec eux n'est jamais terminé. Un prof de l'Université hébraïque de Jérusalem, Avishaï Margalit, donne une nouvelle réplique à John Rawls.

Il ne suffit pas, selon lui, qu'une société soit équitable, il faut encore qu'elle soit « décente ». Rassurez-vous, il ne s'agit nullement de cacher ces seins qu'il nous est si agréable de voir. Margalit veut signifier par là qu'il existe un « bien » commun minimum qui doit être présent dans le jeu social pour que chacun ne soit pas atteint dans le respect qu'il a de lui-même, qu'il ne soit pas humilié dans son identité. Cela ne va pas à l'encontre du respect de la « diversité », bien au contraire[5].

Rawls lui-même a complété sa théorie pour tenir compte du caractère pluriculturel des sociétés modernes en « soulignant que, dans leur vie personnelle ou dans la vie des groupes auxquels ils appartiennent, les citoyens peuvent considérer leurs fins ultimes et leurs liens d'appartenance d'une manière très différente[6] ». Cela pose le redoutable problème des divergences possibles entre la culture politique publique et la culture de groupe. Nous y reviendrons.

Plusieurs rawlsiens (cela se prononce presque comme Rolex !) ont alors insisté sur l'idée suivante : si les règles élaborées politiquement en vue de la justice doivent tenir à distance les différentes conceptions du « bien », le même objectif de justice sociétale doit permettre aux acteurs de vivre, pour ce qui les concerne, ces différentes conceptions du « bien ». Donc la « société de justice », pour se situer véritablement dans un « voile d'ignorance » à l'égard de ces différentes conceptions, doit aussi s'organiser de manière à pouvoir les respecter de façon équitable. Cela vaut spécialement pour une « *politique qui fait du respect de la diversité des opinions, des cultures, des croyances, des religions un principe universel* » (selon ce que vous avez déclaré à Riyad).

Puisque le principe d'autonomie des individus joue un rôle central dans la théorie de Rawls, remarque la sociologue Micheline Milot, chacun doit « avoir la garantie de bénéficier des conditions lui permettant de vivre selon sa définition du "bien" librement choisie », et avoir le maximum de liberté dans la mesure où celle-ci demeure compatible avec la liberté des autres. Il en découle que « toutes les conceptions de la vie (hormis celles qui briment les droits d'autrui) méritent la même protection de la part de l'État ». Ce dernier doit donc « veiller à garantir par des politiques publiques et une reconnaissance concrète des droits fondamentaux » que ces différentes conceptions de la vie ne se trouvent pas « limitées dans leur expression sociale[7] ». Cela devrait vous plaire, Président adulé, car ainsi unité et diversité peuvent être conjuguées ensemble. Je vous assure, lisez Micheline Milot, c'est encore plus beau qu'une chanson de Johnny !

Hou la la, j'en vois des qui reprennent de l'aspirine. Savez-vous, mesdames et messieurs du pouvoir, qu'il faut espacer les prises ? J'arrête donc illico mon rapport concernant ces discussions philosophiques. Et j'en donne, ex cathedra (c'est l'occasion ou jamais !), le bilan.

La laïcité (républicaine comme monarcho-démocratique, cf. notre philosophe belge) implique la séparation des règles visant l'organisation de la société suivant des principes de justice, et les diverses (voire divergentes) conceptions du bien et du mal. Même si cette séparation ne saurait être absolue, elle doit exister tendanciellement. Le « bien commun », dans une société laïque, doit se contenter de donner des bases pour le vivre ensemble dans le respect de chacun (avec un débat possible sur ce qu'implique ce respect). Il doit veiller à ce que chacun, de façon volontaire, libre et responsable, puisse se rattacher à la conception du bien qui dépend de sa vision de ce qui fait l'humanité de l'être humain. Cela vous va comme résumé ?

Conclusion de tout ce qui précède : la morale laïque publique, les valeurs, les principes partagés ne peuvent donc impliquer un système moral qui serait complet. Seules les sociétés totalitaires ont tenté de faire croire qu'une morale commune devait et pouvait répondre à toutes les aspirations des humains. La « *morale de l'instituteur* » ne peut donc en aucun cas être mise sur le même plan que celle du curé ou du pasteur (ou du franc-maçon, du maître en humanisme...), elle ne doit pas lui être comparable, ni « *s'en rapprocher* ». Heureusement, oui, heureusement qu'il lui manque « *la radicalité du sacrifice* » et « *le charisme d'un engagement* » !

« Charisme », vous avez dit « charisme » ? Comme c'est bizarre-bigard ! Je voudrais faire simple, mais c'est vous qui utilisez des termes chargés de théorie. L'analyse du leader charismatique a été effectuée par Max Weber[8]. Le charismatique a des disciples, car il donne une vision unifiée de la vie, et un système de normes qui découle de ce sens unificateur. Il ne faut surtout pas qu'un enseignant soit porteur d'un charisme (là-dessus, les philosophes dits républicains ont raison). Cela le ferait trop ressembler au joueur de flûte d'Hamelin qui enchantait tellement les enfants avec sa musique qu'il les a entraînés à sa suite et les a fait disparaître. En proie à un enseignant charismatique (et certains jouent déjà trop de cette corde), les élèves seraient perdus pour le libre examen.

La morale laïque est donc une morale trouée, tout comme la semaine scolaire de Ferry. Elle possède nécessairement un vide en son milieu, pour faciliter le libre épanouissement de toutes les morales de tous les catéchismes, du plus athée au plus religieux, pourvu qu'ils se respectent mutuellement. Il existe, en effet, un autre niveau moral, différent de celui de la morale laïque, le niveau des diverses morales proposées au choix des individus de la société civile par des groupements fonctionnant de manière associative, c'est-à-dire à partir d'adhésions volontaires et libres. Ces groupements, religieux ou non, ont droit à une pleine liberté dans le cadre d'un ordre public démocratique. Et notamment, pour certains, le droit de célébrer librement et paisiblement leur culte puisqu'ils donnent un fondement transcendant à leur morale.

Mais ne confondons pas, Président admirable, « liberté » et « officialité ». La liberté doit être la plus complète possible dans le cadre du droit commun : c'est l'article 1 de la loi de séparation. Dans ce cadre, il n'est nullement clérical de se poser la question des conditions actuelles d'exercice de cette liberté, qui peuvent, en 2008, ne pas être exactement les mêmes qu'en 1905. En revanche, il faut tenir ferme l'article 2 de la loi qui affirme la non-reconnaissance des religions, des différents cultes.

C'est-à-dire non pas le fait que la République méconnaîtrait les religions, ou ne les respecterait pas (au contraire, la Constitution émet le principe qu'elle « respecte toutes les croyances »), mais que l'identité morale de la France ne comporte aucune, mais vraiment aucune dimension religieuse, comme elle ne comporte aucune dimension philosophique athée ou antireligieuse.

Oui, d'une manière que nous allons préciser, « *la République a intérêt à ce qu'il existe aussi une réflexion morale inspirée de convictions* ». Mais je vous en supplie, Monsieur le subtil Président, et Madame, Messieurs les Conseillers vertueux, arrêtons-nous là. Ne réduisons surtout pas cette réflexion morale, comme vous l'avez (hélas !) écrit, aux seules « *convictions religieuses* », comme si la morale était socialement plus légitime lorsqu'elle est arrimée à la religion.

Vous détruisez là complètement la sagesse de vos dires. D'abord parce qu'ils induisent alors une réfutation trop facile. Enfin, comment n'avez-vous pas eu immédiatement l'idée qu'aux propos sur une morale qui risque toujours de « *se changer en fanatisme quand elle n'est pas adossée à une espérance qui comble l'aspiration à l'infini* », on allait vous répondre : croisades, pogroms, guerres de religion, inquisition, sorcières de Salem, chevalier de La Barre !... Le « *fanatisme* » n'est-il pas la chose du monde idéologiquement la mieux partagée ?

Plus encore, le « *fanatisme* » n'est-il pas lié à la sacralisation d'une cause ? Cette sacralisation peut ne pas être religieuse, certes. C'est ce que vous avez souligné au Latran en rappelant qu'une « *espérance* » d'ordre idéologique « *s'est fourvoyée gravement dans le communisme et dans le nazisme* ». Mais, Président qui doit être arbitre, vous ne pouvez pas alors tenir un propos de croyant en affirmant, comme à Riyad : « *Beaucoup de crimes dans l'Histoire ont été commis au nom de la religion, qui n'avaient en réalité rien à voir avec elle, qui étaient un reniement, qui étaient une trahison de la religion.* »

Pour le politique que vous êtes, comme pour l'historien que je suis, la religion apparaît foncièrement ambivalente. Tentative de mettre de l'Absolu dans le relatif de la réalité « terrestre », elle peut conduire à des actions admirables, ce que vous rappelez avec complaisance dans vos deux discours, elle peut aussi devenir inhumaine. Elle peut radicaliser les conflits, leur donner une coloration sacrale qui amenuise les chances d'une solution forcément prosaïque, où chacun doit lâcher du lest. Religions comme idéologies totalisantes ont tendance à confondre compromis et compromissions.

Affirmer qu'« *en réalité [cela n'a] rien à voir* » est aussi grave, pour un président de la République, que le serait de réduire la religion au fanatisme religieux. En fait, toute morale convictionnelle, religieuse ou non, où les individus et les groupes tentent de boucler la boucle, comme nous venons de le voir, doit s'adosser à une morale laïque trouée, incomplète, qui, grâce à cette incomplétude, désacralise, désabsolutise et conjure le risque de fanatisme. C'est ce mouvement de va-et-vient entre morales convictionnelles d'individus et de groupes et morale laïque collective qui se trouve au fondement même de la démocratie.

Ensuite, en vous relisant, vous auriez dû rougir d'une confusion très grave. Vous employez deux expressions divergentes l'une pour l'autre, celle de « *morale humaine* » au sens d'une morale qui, comme les morales religieuses, peut être un libre choix de l'individu, et celle de « *morale laïque* » qui doit être, elle, une morale partagée par tous les citoyens.

Et cette confusion explique bien des choses. D'abord, que vous ne faites pas vraiment place à des « *morales humaines* » à côté de celles qui se réclament d'une divinité (et dont, même croyant, on peut se demander si elles ne sont pas, elles aussi, humaines, trop humaines : Dieu est peut-être autre qu'un Père la morale). Ensuite, que vous réduisez la morale laïque à une option particulière, différente des morales adoptées par celles et ceux qui croient en une transcendance, alors que la morale laïque est le bien partagé de toutes et tous.

Enfin, qu'affirmer tout de suite après : « *Dans la République laïque, l'homme politique que je suis n'a pas à décider en fonction de considérations religieuses* » semble être alors une hypocrite pétition de principe, à moins qu'il s'agisse d'un rajout affolé de dernière minute. Vous auriez dû commencer par énoncer cette phrase. Et si vous l'aviez fait, Monsieur le Président, Madame, Messieurs les Conseillers, votre propos d'ensemble n'aurait pu être que bien différent.

# V

# *De la nécessité d'en rester à l'inachevé*

Vous ne comprenez toujours pas bien pourquoi ? J'en vois même un qui fait mine de penser que, « finalement, de façon différente, nous disons presque la même chose ». Oh que non ! Il existe là une frontière, un rien subtile peut-être, mais créatrice d'un abîme différentiel. Une clarification historique permet de le montrer, puis d'envisager les conséquences pour notre présent.

Non seulement au Latran, mais aussi au dîner du CRIF, quand vous avez voulu rectifier le tir, Président, vous mettez toujours en scène deux personnages, celui qui enseigne une morale laïque et celui qui enseigne une morale religieuse. Au Latran, vous êtes dans la dépréciation du premier et dans l'exaltation de l'autre. Peut-être inspiratrice du propos, vous avez reconnu par la suite, madame Mignon, qu'il était

« limite[1] ». Au CRIF, Président, vous tentez de mettre sur le même plan les deux morales : *« Quand il est difficile de discerner le bien et le mal, précisez-vous, il est bon de s'inspirer de l'une comme de l'autre. »*

Or, cette association étroite est précisément celle qui se trouvait réalisée... avant 1882 et la laïcisation de l'école publique, quand le cours de morale religieuse faisait partie du programme. À l'époque, tous les enseignements se trouvaient imprégnés par une tonalité morale. Les exemples de grammaire, les dictées, même parfois les problèmes de mathématiques.

L'instituteur était donc déjà maître de morale. Mais son enseignement avait besoin du complément d'une morale (à prétention) « *transcendante* ». Et celle-là, c'était le « *curé* » qui la donnait, en quelques lieux aussi le « *pasteur* ». C'est vraiment drôle : alors que, partout ailleurs, dans votre discours chanoinesque, vous confondez totalement christianisme et catholicisme, dans le passage sur l'instit, le « *pasteur* » est mentionné, comme si votre source était un livre d'histoire décrivant l'école publique... avant sa laïcisation.

Donc, avant 1882, il fallait « *adosser* » la morale commune à une morale transcendante.

Cela pour des raisons fort proches de celles que vous énoncez au Latran : si on ne met pas une « *transcendance* » au bout du système, il reste quelque chose d'inachevé, une non-réponse à « *l'aspiration profonde des femmes et des hommes à une dimension qui les dépasse* », à quelque chose qui « *comble l'aspiration à l'infini* ». Il faut « *expliquer ce qui se passe avant la vie et ce qui se passe après la mort* » pour boucler la boucle, pour que le système moral proposé soit bien hermétiquement fermé.

Président moderne, j'ai repris vos propres mots, qui connotent l'existentiel, et même une angoisse existentielle qui est peut-être vôtre, blottie derrière votre côté « superactif ». Il vaut la peine de citer assez longuement vos propos : « *Fonder une famille, contribuer à la recherche scientifique, enseigner, se battre pour des idées, en particulier si ce sont celles de la dignité humaine, diriger un pays, cela peut donner du sens à une vie. Ce sont ces petites et ces grandes espérances "qui, au jour le jour, nous maintiennent en chemin", pour reprendre les termes même de l'encyclique du Saint-Père. Mais elles ne répondent pas pour autant aux questions fondamentales de l'être humain sur le sens de la vie et sur le mystère de la mort. Elles ne savent pas expliquer ce qui se passe avant la vie et ce qui se passe après la mort.* »

Au XIX^e^ siècle, on avait une préoccupation analogue, mais, cela ne vous étonnera pas, on racontait les choses de façon plus moraliste (vous aussi, d'ailleurs, vous liez cela à la morale, avant et après cet extrait), au XIX^e^ on s'aventurait également davantage dans l'au-delà.

Ce qui devait se passer après la mort, je l'ai trouvé raconté dans un cahier d'écolier de l'année 1878-1879, juste avant la laïcisation de l'école publique. Une âme « parfaitement pure » peut aller goûter des félicités paradisiaques. Une âme encore « souillée de quelques fautes », la voilà au purgatoire (mais, rassurez-vous, elle finira au paradis). Une âme surprise « en état de péché mortel » et c'est l'enfer assuré, avec des supplices proportionnels au mal qu'elle a pu commettre : elle souffrira d'« autant de tourments et d'angoisses qu'elle a trouvé de délices dans son iniquité ».

Bigre ! Et il n'est pas impossible que certains « tourments », comme des brûlures des doigts de pied par de hideux diablotins, ou des morsures sadiques de belles diablesses, soient réservés aux deux fois divorcés.

Mais je vous taquine, Président bien-aimé, en

truquant un peu les cartes. Car ce même cahier spiritualise les croyances populaires en précisant que le ciel et l'enfer ne sont pas « deux endroits » où arriveraient délices ou tortures, mais « deux situations de l'âme ». Le ciel indique « la communion de l'âme avec Dieu », l'enfer « les souffrances et les remords de la séparation avec Dieu ». Quant au purgatoire, il a disparu dans le cours du raisonnement.

Cela peut faire sourire et, pourtant, comportait un sens précis. Un penseur spiritualiste de l'époque, Henri Marion, l'expose en affirmant : « Notre raison exige que l'accomplissement du devoir trouve sa récompense, que la violation de la loi morale soit châtiée. » Or, « cela n'est pas de ce monde » : « L'insuffisance manifeste des châtiments et récompenses de la vie présente est, au contraire, choquante. » Il faut donc que, « dans une vie ultérieure et par la volonté toute-puissante d'un juge infaillible, chacun de nous obtienne enfin le sort qu'il mérite ». Sur terre morale et justice ne se trouvent pas en synergie : le méchant, l'être humain aux procédés douteux, prospère souvent alors que le vertueux peut se trouver opprimé, pauvre ou malade. C'est dans l'au-delà que justice et morale sont, enfin, réconciliées.

Raisonnement redoutable car, partant de la raison, Marion reconnaît qu'il mène à des « croyances dogmatiques ». C'est pourquoi d'autres pédagogues républicains, tel Gabriel Compayré, atténuent la chose. Ce dernier estime que « face aux injustices de la vie présente, il faut en appeler à l'espoir d'une autre vie[2] ». Tiens, tiens, nous retrouvons « *l'espérance* » qui est au cœur de votre propos.

Toute cette perspective fleure bon nos « *racines chrétiennes* » : il s'agit de ce qu'en théologie on a appelé, pendant des siècles, la « théodicée », à la fois justification de Dieu (l'après-vie comme réponse au triomphe apparent du mal sur la terre) et justification par Dieu (fondement ultime d'un ordre moral juste).

Ferry a voulu larguer de telles amarres, couper le cordon ombilical avec ces fameuses « *racines* », sans les renier pour autant. Il l'a fait au profit, non de l'athéisme, mais d'un agnosticisme qu'il projette chez les disciples de Bouddha : « Dans le bouddhisme, il n'y a pas de peines ni de récompenses. C'est une moralité qui se tient debout toute seule[3]. » La morale laïque va donc progressivement devenir une morale trouée, structurellement trouée. C'est comme le gruyère, cela fait partie de son être propre. Elle laisse ouvert le problème du sens ultime des choses.

Je suis d'accord avec vous, « *c'est une très grande question* ». C'est même la question clé de la démocratie. L'option démocratique est le pari (un peu fou) que l'être humain est libre et responsable. Il doit alors boucler lui-même la boucle comme il l'entend. Il doit résoudre lui-même le problème de l'incomplétude, trouver son propre chemin. Et il le fait avec des transcendances multiples, dont certaines ne sont pas religieuses. Il peut aussi, comme Victor Hugo, croire que « l'homme sort du néant, rentre dans le néant » et s'en accommoder par une sagesse stoïcienne ou épicurienne.

Et vous semblez fort contradictoire, Président complexe. L'idéologie que vous prônez fait semblant de croire que la vertu est toujours récompensée « ici-bas ». Ainsi, si l'on travaille plus, on gagne plus. Au bout du labeur : la réussite. Aux âmes bien trempées, l'échec ne peut être qu'une épreuve passagère qu'un surcroît d'énergie, de volonté, voire de courage permettra de surmonter. Si cet échec est définitif, c'est que ces qualités ont fait défaut ; il existe une faille morale quelque part. « Le sarkozysme, c'est, sans mauvais jeu de mots, écrit Olivier Mongin, *l'oubli du tiers exclu* : entre la réussite sûre de son droit et l'échec mérité, il n'y a pas de place pour la complexité des parcours et la pesanteur des structures sociales. [...] Sous couvert de rejeter la "fatalité", c'est l'idée qu'il puisse y avoir des ratés dans l'existence, des désaccords, des discordances, des couacs entre les intentions des individus et le résultat de leurs actions qui est refoulée[4]. »

Le système semble donc clos sur lui-même, nul besoin d'une « *espérance* » sur un au-delà qui n'a pas de raison d'être puisque chacun obtient, sur terre, selon son mérite et que... celui qui est incontestablement le meilleur devient logiquement président de la République. Pourtant, une certaine angoisse existentielle est récurrente chez vous. Un supplément d'âme apparaît nécessaire, une transcendance indispensable pour que le cercle soit véritablement fermé.

Vous retrouvez, Président, à partir d'un tout autre itinéraire, la volonté de clore des penseurs spiritualistes du XIXe siècle et, nous l'avons vu, d'Émile Combes. Mais l'alliance entre l'insistance sur la réussite terrestre et l'invocation de la « *transcendance* » céleste ressemble surtout, en fait, à la religion civile américaine. Nous allons en reparler.

Comme individu, cette option est votre responsabilité personnelle. Comme président de la République, vous devez rester, quoi qu'il vous en coûte, dans l'inachevé, dans la recherche du « juste », dans un certain « voile d'ignorance » qui sont les caractéristiques de la laïcité.

C'est en effet cela la véritable séparation ; Roger Williams (un pasteur baptiste qui, le premier, a réalisé durablement la séparation des Églises et de l'État sur un territoire, le Rhode Island, futur État fédéré américain, au milieu du XVII^e^ siècle) utilisait une métaphore : celle d'un vaisseau où des voyageurs qui prendront des directions différentes, quand ils arriveront au port, sont embarqués ensemble et doivent accomplir des tâches communes, vivre en bonne intelligence pendant le temps de la traversée. Et le commandant du navire n'a pas à s'occuper de leur donner des indications à suivre quant à leur destination finale ou à leur choix de rester dans le port où ils débarqueront. Il doit concentrer toute son attention pour ne pas faire fausse route, pour affronter victorieusement vents et tempêtes.

Il me faudrait pouvoir vous raconter cela au moyen d'un petit croquis à trois dimensions. À l'école publique du XIXe siècle, où deux dimensions suffisent et où l'instituteur et le curé (quelquefois le pasteur) se serrent les coudes (le curé bénéficiant, toutefois, d'un piédestal), succède l'école publique laïcisée où les trois dimensions s'avèrent nécessaires. En effet, et c'est là que l'affaire se corse, le trou de la morale laïque, l'espace que l'instituteur laisse vide, reste inoccupé. C'est dans un autre plan, à distance du précédent, que nous pouvons rencontrer tous les personnages que vous avez, de façon heureuse, inclus dans votre discours de Riyad, « *juif, catholique, protestant, musulman, athée, franc-maçon ou rationaliste* ».

Il est impératif que la liste de ces personnages déborde les appartenances religieuses. Mais attention, il ne doit pas s'agir de simples ajouts, mais d'une signification neuve. La nouvelle liste implique de bien se situer dans une figure à trois dimensions. Allez, je vous accorde le bénéfice du doute ; mettons que les critiques vous l'ont fait comprendre entre le 20 décembre 2007 (le Latran) et le 14 janvier 2008 (Riyad). Ne m'opposez pas un démenti et tenez fermement cette barre-là dans vos prochains discours, Président capitaine.

Le public est et doit demeurer sur un autre plan que le privé. Non que par « privé », il faille entendre quelque chose qui n'aurait pas le droit de sortir de la maison, d'un espace privé très étroit. Non, ce serait l'erreur inverse de la vôtre. Certains la commettent et ils se situent eux aussi dans la confusion. « Privé », cela signifie : socialement facultatif, volontaire, libre. Cela veut dire : livré au choix personnel, qui est un choix privé. Le public, là, ce n'est pas la rue (où l'on peut voir parfois des édifices religieux), c'est ce qui a trait à la sphère de l'État et des collectivités publiques, ce qui a trait à l'institutionnel. Le privé c'est, à l'inverse, la sphère de l'individu responsable de ses choix, c'est aussi l'associatif (regroupement libre et volontaire) même s'il se déploie dans l'espace de tous. Mettre la religion, comme les autres choix de sens, dans le privé, ce n'est pas la réduire, c'est bien au contraire étendre la liberté, la sienne et celle de tous.

Ces choix privés, personnels, vous devez les connaître, non pour les régenter, mais pour pouvoir les respecter. Et là nous rencontrons le problème des rapports entre la culture politique et la culture de groupe, la culture dite d'appartenance. Groupe, communauté, appartenance : l'utilisation de tels termes se trouve piégée. Vous m'éviterez les faux procès en ayant en tête ce que je viens d'écrire sur l'individu responsable de ses choix et sur l'associatif comme regroupement volontaire et libre. Selon moi, dans une société laïque, les groupements religieux s'organisent de façon associative. Les ressources symboliques et culturelles que donnent les religions, mais aussi les cultures, constituent une dimension de l'individu, elles ne doivent jamais englober l'individu[5].

Ce problème comporte une double dimension. Une seule est mise sur la place publique dans notre pays, ce qui amène à poser un vrai problème de façon assez unilatérale. Prompte à dénoncer le « communautarisme anglo-saxon », la France se montre très sensible au dissensus possible entre la culture, les valeurs de groupe, et la culture, les valeurs de référence d'un État démocratique libéral. Ce que l'on nomme, de façon franco-française, les « valeurs républicaines », comme si elles n'étaient pas partagées par toutes les nations démocratiques. Mais certains de ceux-là mêmes qui ont trouvé très regrettable que G. W. Bush n'ait pas voyagé hors d'Amérique avant d'être président ne quittent jamais mentalement la France et la croient volontiers universelle à elle toute seule.

Prenons la question majeure et sensible de l'égalité homme-femme. Le pluralisme démocratique, nous dit Micheline Milot, fera que nous admettrons, « d'une certaine façon, la culture interne d'un groupe, même lorsque cette culture se révèle patriarcale ». Comment, excepté par la violence, « réguler directement les relations entre époux ou entre parents et enfants » sans sombrer dans le totalitarisme ? Comment obliger un groupement religieux à avoir un clergé féminin sans déroger à la séparation ? Comment interdire à des associations convictionnelles de ne pas être mixtes ?

Mais « le pluralisme n'égale pas le relativisme et le respect de la diversité n'implique pas l'indifférence à l'endroit de la manière dont la culture politique traite les hommes et les femmes ». Micheline Milot donne l'exemple des lois interdisant « la discrimination fondée sur le sexe[6] ». J'ajouterai, pour ce qui concerne la France, que la société globale doit respecter, de façon sourcilleuse, l'égalité des sexes pour pouvoir questionner efficacement la culture de groupe. Elle doit avancer dans le respect de la parité, de l'égalité des salaires... et garantir à l'individu le droit de quitter son groupe.

En dehors de ce que l'État démocratique peut légitimement imposer, les changements purement internes aux groupes, aux religions et aux convictions seront l'œuvre des membres des groupes eux-mêmes, aidés, peut-être, mais seulement aidés ou influencés par la logique de la société globale qui fera des femmes les égales des hommes dans la vie publique. Mais ni l'État ni la société globale ne peuvent se substituer à ce combat interne, sans dériver tôt ou tard vers un enfer pavé de bonnes intentions. Car alors le groupe vivrait l'idéal que l'on chercherait à lui imposer comme une agression et les éléments les plus extrémistes, intégristes, de ce groupe auraient beau jeu de rameuter leurs troupes au nom de la survie même de la communauté[7]. Je précise que par « communauté » j'entends simplement un ensemble de personnes qui partagent un même ensemble de références symboliques et culturelles (qu'ils peuvent interpréter de façons différentes) qu'ils peuvent synthétiser dans un terme qui leur est commun (bouddhisme, catholicisme, islam, judaïsme, libre-pensée, protestantisme...). Les formes organisationnelles peuvent être unifiées (catholicisme) ou (dans la plupart des cas) multiples.

C'est ce que Jean Jaurès (que vous aimez citer, Président pas socialiste pour autant !) a compris. Après s'être montré partisan d'une séparation à la Combes, Jaurès est devenu le meilleur défenseur de la séparation à la Briand. Une séparation accommodante, qui n'opprime pas les catholiques, parie sur des changements internes, facilités (nous le verrons) par le fait que rien dans la loi de 1905 ne met l'Église catholique en péril. Il faut, écrit-il alors, que les « impressions de laïcité » soient relayées par « l'inévitable pression [de] la vaste communauté des fidèles[8] ». Dans un premier temps, les événements lui ont donné tort (la condamnation du modernisme et du Sillon a suivi le refus d'obéir à la loi). La suite de l'histoire, au contraire, a validé son pari. L'esprit de Vatican II a pénétré l'Église catholique en France avant même Vatican II, et les « impressions de laïcité » n'y ont pas été étrangères.

Là, nous touchons à une des difficultés de votre tâche, Président : l'opinion veut des résultats rapides, immédiats, et le formatage médiatique renforce cette tendance. L'essentiel, pourtant, ce sont les résultats qui adviennent dans le long terme, dans le temps historique et non dans l'instant médiatique. Un des grands problèmes des sociétés démocratiques modernes est que le temps politique retrouve, d'une nouvelle manière, un rythme historique au lieu de coller au scoop médiatique. Prenez quelques jours (dans un monastère ou sur un yacht) pour y réfléchir, Téléprésident qui avez choisi « un mode de communication en phase avec la télévision actuelle[9] ».

Une des raisons qui rend souvent contre-productives une trop grande incursion de l'État et les tentatives de forcing de la société civile est que l'équité apparaît culturellement difficile à réaliser dans la sphère publique d'une société pluriculturelle. La France, historiquement, a résolu le problème en pratiquant un double jeu. Elle s'est voulue et un État-nation républicain et un empire, l'Empire français, fonctionnant selon un modèle multinational. Certains auteurs estiment ce dernier modèle proche de celui du millet ottoman[10].

L'article 75 de la Constitution, vous le savez, Président, mais la plupart des Français l'ignorent, prévoit toujours, en plus du « statut civil de droit commun », la possibilité pour les « citoyens de la République » d'être régis par le « statut personnel » que l'on croit être une caractéristique anglo-saxonne ! Dans l'État-nation républicain lui-même, une différence de droits existe, notamment en matière de laïcité, pour trois départements de l'est du pays*. L'homogénéité française relève plus de l'illusion que de la réalité ! Et il serait bien utile de cesser d'en faire silence et d'en débattre.

La loi de 1905 ne fut guère appliquée dans les pays sous domination coloniale. Elle ne le fut pas dans les départements algériens : « Du fait du refus de la République de reconnaître la citoyenneté française aux musulmans, les instances religieuses ont eu, en Algérie, un rôle de gestion civile. Il importait dans ces conditions de maintenir le culte sous la dépendance de l'État pour mieux en contrôler l'exercice[11]. »

Encore maintenant, il existe en France huit régimes différents de relations entre les religions et l'État dont six pour les DOM-TOM[12]. En Guyane, le culte catholique est « reconnu » (c'est-à-dire officiel) et le clergé salarié par

---

* Cf. le chapitre X.

l'État. À Mayotte, il existe un statut civil de droit musulman, qui évolue peu à peu, et le cadi, juge religieux, rend la justice au nom de la République pour celles et ceux qui vivent selon ce statut. Cela dans l'indifférence médiatique la plus totale.

État-nation par excellence, la France est depuis longtemps un pays d'immigration. Polonais, Italiens, Espagnols, Portugais ont effectué un processus de francisation dans le cadre de deux mouvances communautaires, parfois en tension avec la République, la mouvance catholique et la mouvance communiste. De nouvelles vagues migratoires proviennent d'anciens pays colonisés, notamment de juifs d'Afrique du Nord (citoyens français depuis 1871) et de musulmans de culture ou de conviction (qui étaient non reconnus, eux, comme citoyens) d'Afrique du Nord ou subsaharienne. Il eût été invraisemblable que cela ne pose pas à frais nouveaux la question des relations entre culture d'appartenance et culture politique publique dans l'État-nation France.

En effet, ces couches migratoires récentes (du point de vue de l'historien) rendent plus visible une caractéristique fondamentale, souvent masquée, de tout État-nation : « Un groupe dominant unique organise la vie commune selon son histoire et sa culture propres, avec pour objet de voir [...] se poursuivre cette histoire, se pérenniser cette culture. Ce projet historique détermine, dès lors, les orientations de l'éducation nationale, les symboles et cérémonies de la vie publique, l'organisation du calendrier officiel et le choix des jours fériés[13]. »

En France, c'est même plus compliqué, puisque ce groupe dominant est formé de deux groupes qui se sont longtemps combattus, les « deux France » : la France qui se réclamait de la Révolution et celle qui se réclamait du catholicisme. La fin de leur conflit a été marquée par de grandes manifestations en 1984 (contre la loi Savary) et en 1994 (contre la modification de la loi Falloux). Au milieu de ces deux dates : 1989 et la première affaire de foulard. Gardez bien cette chronologie en tête, Président réflexif, elle aide à comprendre pourquoi la laïcité, en France, est autant affaire de passion que de raison[14].

La Commission Stasi, dont l'objet consistait à réfléchir au « principe de laïcité », a tenu compte de ces problèmes[15].

Ainsi, elle a rédigé des propositions concernant l'orientation de l'éducation nationale. Elle demande, notamment, d'« assurer un enseignement complet de notre histoire en y intégrant l'esclavage, la colonisation, la décolonisation et l'immigration ». Elle ne l'a pas fait dans une optique de « conflit des mémoires », mais pour que l'histoire de ce pays soit celle de tous ses habitants et non l'histoire-mémoire d'un groupe culturel dominant. La Commission suggère également de « développer l'apprentissage de la langue arabe » et d'envisager « l'enseignement de langues non étatiques nouvelles » comme les langues « berbère, kurde ».

De même, la Commission Stasi a voulu « prendre en considération les fêtes les plus solennelles des religions les plus représentées ». Concrètement il s'agissait de considérer les jours de Kippour et de l'Aïd el-Kébir comme des jours fériés scolaires, à égalité avec les fêtes catholiques (en enlevant deux jours aux grandes vacances). Pour les adultes, les jours fériés religieux (actuellement tous liés au catholicisme) chômés devaient être remplacés, dans l'entreprise, par un « crédit de jours fériés » afin que des fêtes de diverses religions (celles citées et d'autres comme le Noël orthodoxe) puissent être choisies de préférence à des jours fériés et chômés actuels.

Cette idée n'a même pas été examinée par le politique et les médias ont prétendu que la Commission demandait des jours fériés supplémentaires, ce qui était faux. Est-il vraiment laïque de rejeter ainsi une proposition, en la déformant et sans en débattre ?

Vous-même avez adopté, dans votre livre, une optique très ambiguë : un coup de chapeau à cette proposition où vous voyez « *un souci de justice* ». Mais c'est pour mieux l'enfoncer ensuite, d'abord en prétendant que la Commission propose de « *supprimer* » des « *fêtes catholiques* » pour « *en mettre d'autres à la place* », ce qu'elle n'a jamais demandé. Ensuite, vous vous situez dans le « *tout ou rien* » dont précisément la Commission a cherché à sortir : « *On ne peut pas admettre que le vendredi soit férié pour les musulmans, le samedi pour les juifs, le dimanche pour les chrétiens; ni que le calendrier scolaire s'adapte aux contraintes du ramadan*[16]. » Qui veut noyer son chien...

Enfin, la Commission Stasi s'est référée à quatre reprises, de façon positive, à la notion d'« accommodement raisonnable » et à son application au Québec. L'« accommodement raisonnable » constitue un instrument juridique pour concilier la recherche d'une société juste et la sauvegarde de son unité[17]. Lois, normes, règles générales sont conservées, mais peuvent parfois s'appliquer de façon différenciée à certains individus, selon une technique du cas par cas, pour éviter d'être discriminatoires à leur encontre. Les demandes doivent revêtir un caractère raisonnable et donc ne pas porter atteinte à l'ordre public, respecter les droits d'autrui et ne pas se révéler d'un coût excessif.

Je ne vais pas vous raconter de colle, Président : cette solution, expérimentée au Québec, ne fait pas l'unanimité parmi les Québécois. Un vif débat a eu lieu en 2007 et le Premier ministre a nommé une commission (la Commission Bouchard-Taylor) qui va rendre son verdict, après un an de consultations, d'enquêtes, de travail. Gageons qu'elle va conclure que l'« accommodement raisonnable », dans les sociétés pluriculturelles, c'est comme la démocratie selon Churchill : « Le plus mauvais système excepté tous les autres. » Et la France ferait bien de profiter de l'expérimentation québécoise, de ses tâtonnements, de ses résultats. Nous en reparlerons d'ailleurs, puisque ce sera le thème de mon prochain ouvrage[18].

# VI

# *De la religion civile*

Désolé, Président, mais nous allons encore parler un peu de philo. Bien fait pour vous, cela vous apprendra à vouloir rédiger des discours « de haute tenue » (dixit un conseiller) qui sont souvent des discours de tenue très légère.

Un peu de philosophie politique et nous en venons à la religion civile, déjà évoquée et dont je vous ai dit, Président lumineux, que, sans le savoir, tel M. Jourdain écrivant en prose, vous la pratiquiez. En fait, comme j'ai compris que cette notion vous semblait un peu complexe, j'ai, en bon pédagogue, abordé le sujet sans le dire. Il est sous-jacent aux derniers chapitres.

La clôture « *transcendante* » de la morale publique, la nécessité de ne pas s'en tenir à l'« ici-bas », de déborder sur un « au-delà » est au centre de la perspective de la religion civile, concept façonné par Jean-Jacques Rousseau. Et, significativement, un des « dogmes » de cette religion civile rousseauiste est « la vie à venir, le bonheur des justes et le châtiment des méchants ». Outre le contenu précis de ce dogme (réconcilier, dans l'au-delà, nous l'avons vu, morale et justice), son rôle est significatif : il clôt de façon transcendante le lien social.

Que dit précisément ce cher Jean-Jacques à la fin du *Contrat social*[1] ? Que la religion est nécessaire au bon fonctionnement d'une société, profitable à la morale publique, à la paix civile. Pour Rousseau, et c'est cela la religion civile, « il importe à l'État que chaque citoyen ait une religion qui lui fasse aimer ses devoirs », et il précise : « les devoirs que [chacun] est tenu de remplir envers autrui ». La froide raison n'est pas suffisante pour assurer le pacte social. La politique républicaine ne peut s'en tenir à une rationalité sèche. Elle doit comporter une dimension affective, émotionnelle. Elle doit s'aider de quelque chose qui ressemble à la mystique religieuse.

Nous ne sommes pas loin de vos propres déclarations. Celles, déjà citées, sur la morale, d'autres qui les complètent : « *Un homme qui croit, c'est un homme qui espère. Et l'intérêt de la République, c'est qu'il y ait beaucoup d'hommes et de femmes qui espèrent. La désaffection progressive des paroisses rurales, le désert spirituel des banlieues, la disparition des patronages, la pénurie de prêtres, n'ont pas rendu les Français plus heureux. C'est une évidence.* » Et, tout de suite après, vous ajoutez : « *S'il existe incontestablement une morale humaine indépendante de la morale religieuse, la République a intérêt à ce qu'il existe aussi une réflexion morale inspirée de convictions religieuses.* »

Et enfin, vous reprenez, en les faisant vôtres, des propos pontificaux de la dernière encyclique : « *Il paraît évident que l'homme a besoin d'une espérance qui va au-delà. Il paraît évident que seul peut lui suffire quelque chose d'infini, quelque chose qui sera toujours ce qu'il ne peut jamais atteindre.* » Puis vous ajoutez : « *Comme l'écrivait Joseph Ratzinger [le futur Benoît XVI] dans son ouvrage sur l'Europe, "le principe qui a cours maintenant est que la capacité de l'homme soit la mesure de son action. Ce que l'on sait faire, on peut également le faire". À terme, le danger est que le critère de l'éthique ne soit plus d'essayer de faire ce que l'on doit faire, mais de faire ce que l'on peut faire.* »

Certes, vous n'allez pas jusqu'à vouloir chasser de la République les hommes qui espèrent peu et les *Desperate Housewives*, alors que Jean-Jacques, lui, proposait, carrément, de « bannir de l'État quiconque ne croit pas [aux dogmes de la religion civile], non comme impie, mais comme insociable ». Mais après avoir établi une continuité ascendante entre « *morale laïque* » et « *morale religieuse* », vous établissez un continuum identique entre l'« *intérêt* » de la République, donc la « sociabilité » commune, et la croyance religieuse. Vous faites de l'homme « *qui croit [et] qui espère* » en une « *transcendance* » un citoyen plus intéressant pour la République qu'un autre.

Étant protestant, vous m'incluez sans doute dans ceux qui croient et espèrent. Sachez pourtant que je refuse le privilège indu d'être plus conforme aux « *intérêts* » de la République que les mécréants chers à Georges Brassens (dont vous devriez, de temps à autre, écouter les chansons). Si les douteurs sont des citoyens de seconde zone, vous me trouverez, comme hérétique, parmi eux.

À Riyad, entraîné par maître Guaino ayant fini

de disserter sur « l'homme africain », vous êtes allé encore plus loin qu'au Latran. Après avoir décrété que « *musulmans, juifs et chrétiens [...] c'est bien le même besoin de croire et d'espérer qui leur fait tourner leurs regards et leurs mains vers le ciel pour implorer la miséricorde de Dieu, le Dieu de la Bible, des Évangiles et du Coran* », vous poursuivez par l'affirmation d'un « *Dieu transcendant qui est dans la pensée et le cœur de chaque homme* ».

Non seulement personne ne vous a élu pour trancher entre la croyance en un Dieu exclusif d'une religion et celle en un Dieu syncrétique des religions du Livre, mais vous transformez bien ce Dieu en un Dieu déconfessionnalisé de religion civile, qui doit se trouver « *dans la pensée et le cœur* » de chaque citoyen normalement constitué.

J'ai débattu de cela avec vous, Henri Guaino, lors de l'émission de FR3 « Ce soir ou jamais ». Avec la belle assurance d'un monsieur Je-sais-tout, vous m'avez affirmé que « c'est la définition même de la transcendance ». J'ai réfuté votre propos aussi sec mais n'avons pas pu aller très loin dans ce sens ; sans doute aurions-nous bénéficié de plus de temps d'antenne si nous avions eu avec nous le Doc(teur en métaphysique) Gynéco.

J'ai quand même eu le temps de vous répondre qu'il ne s'agissait pas de *la* définition de la transcendance, seulement d'une certaine définition, imprégnée par la perspective de la « théologie naturelle », et d'évoquer Nietzsche et sa transcendance du surhomme, quelques autres penseurs, et le théologien Karl Barth avec son refus d'un Dieu qui existerait hors sa stricte révélation à Golgotha. Mais je vous le confesse, révérend Guaino, je n'avais pas eu le temps de réviser. Et en particulier de lire l'autorité suprême en la matière, capable de nous départager.

Depuis, je suis allé à la Bibliothèque nationale pour consulter ce très savant ouvrage. Et je suis au regret de vous dire, monsieur l'auteur de *La Sottise des modernes*, que l'arbitrage s'effectue à mon avantage. En effet, si vous consultez l'index de *La Philosophie pour les Nuls*, vous ne trouvez qu'un et un seul renvoi pour la notion de transcendance (c'est vraiment pour les nuls !). Ce renvoi vous reporte à Emmanuel Levinas dont il est dit : « Il aura été de ceux qui ont accordé à l'Autre homme la transcendance qui traditionnellement qualifie le seul Dieu[2]. »

Finalement, finaud Président, vous nous avez bien eu avec votre Rolex et vos trucs bling-bling. Vous vous montrez plus malin que vos conseillers intègres. Car vous avez vous-même, comme un pro, écrit de votre blanche main le passage le plus pertinent du discours du Latran : *« Ma conviction profonde, [...] c'est que la frontière entre la foi et la non-croyance n'est pas et ne sera jamais entre ceux qui croient et ceux qui ne croient pas, parce qu'elle traverse en vérité chacun de nous. »*

Pas mal. D'abord le « *ma conviction profonde* » subjectivise un peu votre propos, le rend donc plus audible.

Ensuite, cette idée que beaucoup de gens sont partagés entre foi (au sens large du terme) et doute, qu'opérer une distinction rigide entre croyants et non-croyants ne correspond guère à la réalité sociale actuelle, est tout à fait en phase avec les analyses sociologiques les plus modernes. Décidément, quel cachottier vous faites.

Tenez, je vais vous surprendre, Président médiatique, je suis tellement libéral que j'accepte, sous réserve de la précision que vous avez apportée vous-même (« *Dans la République laïque, l'homme politique que je suis n'a pas à décider en fonction de considérations religieuses*»), que votre «*réflexion et [votre] conscience soient éclairées notamment par des avis qui font référence à des normes et à des convictions libres des contingences immédiates*».

Prêtez donc alors un peu l'oreille, droitier Président, à ce que les évêques racontent à propos de votre politique sur les tests ADN et l'immigration. Ce sont des paroles parmi d'autres, mais elles me paraissent intéressantes. En revanche, Philippe Verdin lui-même trouverait «craignos» que les injonctions épiscopales en matière de mœurs soient trop prises au sérieux. Mais, je ne sais pourquoi, avec vous, galant Président, je me sens relativement tranquille de ce côté-là.

Alors je lis vos propos sans a-priori. Vous dites: «*Même celui qui affirme ne pas croire ne peut soutenir en même temps qu'il ne s'interroge pas sur l'essentiel. Le fait spirituel, c'est la tendance naturelle de tous les hommes à rechercher une transcendance. Le fait religieux, c'est la réponse des religions à cette aspiration fondamentale.*» Président Lucky Luke, vous pensez presque plus vite que votre ombre: trois idées en trois phrases. On ne vous en demande pas tant ! Et il faudrait mettre un peu d'ordre dans ces idées-là.

Mentionner que celui qui n'a pas d'appartenance religieuse (comme on dit) s'interroge à sa manière sur l'essentiel, fort bien. Mais pourquoi le dire de façon aussi dépréciative ? Comme s'il ne le faisait que malgré lui, en dépit de son non-croire religieux ? Et d'un.

Votre définition du fait spirituel, je veux bien (quoique la mention d'une « *tendance naturelle* » me gêne un peu). Mais à la condition de comprendre la « *transcendance* » de façon beaucoup plus large que l'approche guaino-restrictive. Il faut intégrer d'autres transcendances, celles que vos amis du show-biz appellent la « transcendance intériorisée », la « transcendance horizontale », et inclure également le dépassement de l'opposition immanence-transcendance.

Enfin le « *fait religieux* » comme réponse à l'« *aspiration fondamentale du fait spirituel* », peut-être, mais à l'impérative condition de préciser que ce « *fait religieux* » n'est pas la seule et unique réponse. Quand vous réduisez le spirituel au religieux (déjà dans *La République, les religions, l'espérance*), vous n'êtes plus ultramoderne, permettez-moi de vous le dire. C'est aussi là, notamment, que vous quittez le chemin de la laïcité pour prendre celui de la religion civile, qu'elle soit catho-laïque, œcuménico-laïque ou syncrético-laïque, peu importe.

Quel dommage, vous auriez pu être le Président qui libère la laïcité française de sa tentation à verser dans la religion civile rrrrépublicaine. Et vous voilà devenir celui qui la fait tomber dans une autre version de la religion civile, la version américaine.

Cette affirmation demande quelques explications, que je vous donne bien volontiers. Il existe, en effet, différentes variétés de religion civile, à partir d'un fond commun : la nécessité d'invoquer une « *transcendance* » qui dérobe au débat les fondements du lien social, qui le sacralise.

En France, le politologue et historien Olivier Ihl l'a remarquablement montré, la question de la religion civile a toujours été « frappée d'interdit », rejetée dans l'impensé. Elle se niche pourtant derrière la façon dont, périodiquement, on entreprend de « sacraliser l'être ensemble collectif », d'appuyer une « société républicaine » sur « une transcendance qui se dérobe au jugement ». Point n'est besoin d'évoquer Dieu, monsieur Guaino, la « transcendance », là, n'est rien de plus que la République elle-même[3]. Dominique Schnapper, elle-même, toute républicaine qu'elle se veuille, parle de la « République de droit divin » que « les Français ont voulu élaborer » : un « projet transcendantal – ou républicain – de la citoyenneté à la française, né et imposé contre l'absolutisme royal allié à l'Église catholique et sur leur modèle[4] ».

Cela s'accorde bien avec l'existence de « dogmes » de la religion civile rousseauiste, dont l'un repose sur l'idée qu'il n'y a pas de différence entre l'« intolérance théologique » et l'« intolérance civile ». En conséquence, « quiconque ose dire : "Hors de l'Église point de salut" doit être chassé de l'État », affirme Rousseau, car « il est impossible de vivre en paix avec des gens que l'on croit damnés ». Cette doctrine a rendu les choses extrêmement difficiles puisqu'à cause d'elle on ne pouvait tolérer le catholicisme, théologiquement intolérant. Un des germes des dérives révolutionnaires se trouve là. Surtout que, par contagion, beaucoup ont interprété ce propos comme l'obligation d'avoir des croyances « modérées » pour pouvoir être bon citoyen.

Au contraire, John Locke ne prône pas la religion civile, mais la séparation des domaines du politique et du religieux. Pour lui, grâce à cette séparation, on peut vivre en paix avec des gens que l'on croit damnés. On a même le droit de croire à des doctrines « fausses ou absurdes », à condition de respecter la tolérance civile et l'ordre public[5]. La divergence entre les deux options philosophiques est sous-jacente aux débats qui ont accompagné la loi de 1905. Les premiers projets de séparation se situaient dans l'optique de la religion civile. La loi elle-même est très nettement d'inspiration lockéenne[6]. Ferry était également un adversaire convaincu de la religion civile. C'est pourquoi, par exemple, il a toujours été hostile au monopole de l'État sur l'éducation.

Je vais vous donner, spirituel Président, un exemple concret de cette différence. Dans l'optique de John Locke, une autorité religieuse possède tout à fait le droit de prêcher que l'avortement est un meurtre qu'aucun croyant ne doit pratiquer. Son propos ne devient laïquement illégitime que si cette autorité demandait à ses fidèles d'aller créer du désordre dans une clinique où l'on effectue des avortements. La loi Veil de 1975, en rendant possible une objection de conscience de certains médecins, se situe très nettement dans la filiation de Locke.

En revanche, dans une optique (souvent inconsciente) de religion civile républicaine, cette autorité qui prêche contre l'avortement apparaîtra suspecte de ne pas adopter les « valeurs de la République », par le simple fait d'exprimer en chaire une telle opposition. Ce n'est pas un exemple abstrait : j'ai entendu un élu légitimer des prétextes fumeux pour refuser la construction d'un lieu de culte en affirmant que le guide religieux de la communauté concernée était « contre l'avortement ».

De manière générale, vous avez pris vos distances avec la religion civile républicaine et son désir de « République de droit divin » (Schnapper). Je vous en félicite, car cela demandait un certain courage politique. Vous avez su résister aux sirènes qui voulaient limiter la composition du Conseil français du culte musulman à ce qu'on appelait l'« islam modéré ». Vous avez rappelé que les seules restrictions admissibles à la liberté de culte sont celles de « l'ordre public » (article 1 de la loi de 1905). Votre position était laïque, celle de vos adversaires témoignait de leur appartenance à une religion civile républicaine. Comme dirait le général de Gaulle, il ne suffit pas de crier « Laïcité, laïcité... » en sautant comme un cabri.

Certains tordent la laïcité dans le sens d'une religion civile républicaine, en fait franco-française, puisqu'ils opposent « valeurs de la République » et « valeurs de la démocratie » ; comme si nos voisins espagnols ou belges se référaient à des valeurs essentiellement différentes des nôtres. Voilà que vous nous tordez la laïcité dans l'autre sens, que vous tombez dans l'autre dérive, celle de la religion civile américaine.

Vous ne voulez pas voir le problème et vous déclarez : « *Les États-Unis sont une démocratie et cette démocratie n'est pas remise en cause parce que Bush ou Kerry sont croyants et prêtent serment sur la Bible*[7]. » La question n'est pas que Bush ou Kerry soient croyants, atlantique Président, mais qu'il soit pratiquement inimaginable qu'un incroyant puisse être candidat à la Maison-Blanche, avec quelque chance de succès. Quant au serment sur la Bible, un des symboles de la religion civile, s'il s'explique par la fondation mythique de l'Amérique par les Pères Pèlerins, il n'en reste pas moins une instrumentalisation politique de la religion.

Le grand spécialiste de la religion civile américaine, Robert Bellah[8], indique qu'elle existe en tension avec le républicanisme laïque américain[9]. La religion civile provient, historiquement, de la Déclaration d'indépendance (1776) qui se réfère à un Dieu déconfessionnalisé comme étant l'auteur des droits de l'homme ; le républicanisme laïque, lui, provient de la Constitution dont le premier amendement sépare les Églises et l'État (1791).

Dans ce pays très pluraliste où on ne trouvait pas une seule Église face à l'État, cette religion civile n'a jamais comporté les accents antireligieux présents dans le discours de Rousseau. Contrairement à la religion civile républicaine française, sa sacralisation de la République américaine invoque explicitement Dieu, un Dieu à la fois protestant et syncrétiste. Elle a eu ses chantres progressistes (Lincoln, Martin Luther King...) et conservateurs (Eisenhower, G. W. Bush...). Elle a fortifié le lien social dans un pays construit par l'immigration. Elle légitime aux yeux des Américains l'impérialisme dont ils font preuve et elle cléricalise fortement la laïcité dans ce pays.

Importer en France une religion civile à l'américaine est sans doute lié chez vous, Président admirateur de l'oncle Sam, à l'idée qu'il faut que la France assume, désormais, son caractère pluriculturel sans fragiliser son lien social, à cette « *politique de la diversité* » dont vous avez parlé à Riyad. Dans ce cas, permettez-moi de vous le dire, il s'agit d'une bonne intention dont les pavés risquent de nous (re)conduire tout droit dans l'enfer des guerres de religion. La religion civile joue déjà de très mauvais tours aux États-Unis et il est possible d'espérer que le prochain président prendra ses distances avec elle. En France, ce serait bien pire : la religion civile à l'américaine n'est pas enracinée dans notre histoire.

La religion civile américaine était définie par le président Eisenhower, au moment de la guerre froide, comme « fondée sur une foi religieuse et peu importe laquelle ». On retrouve un certain écho de cette phrase dans votre propos : *« Un jeune des cités qui n'a ni perspective ni espoir est un défi pour la nation. En revanche, qu'il croie en Allah, le Dieu de l'islam, ou en Jésus, le Dieu chrétien, ou qu'il ne croie pas, le ministre de l'Intérieur n'a ni à juger, ni à trancher, ni à choisir*[10]. » Avant de contester l'ensemble de la phrase, je ne voudrais pas chicaner mais vous signaler, quand même, qu'« Allah » est le terme arabe pour dire « Dieu », il n'est pas réservé aux musulmans : un chrétien arabe priera Allah. D'autre part, le Dieu de la quasi-totalité des chrétiens est trinitaire, et les chrétiens qui ne croient pas à la Trinité dénient précisément à Jésus la qualité de Dieu. Si on se pique de théologie, un peu de rigueur ne fait pas de mal !

Vous allez cependant me dire : « Vous voyez bien que je suis laïque, j'intègre celui qui ne croit pas dans ma perspective. » Certes. Pourquoi alors cette phrase me gêne-t-elle ? Tout simplement parce que, quand une personnalité politique parle de la « *perspective* » et de l'« *espoir* » que doit avoir un jeune des cités, il ne doit pas s'agir de l'existentiel ni du métaphysique. Il doit s'agir d'abord et avant tout des perspectives et des espoirs de mobilité sociale, d'amélioration de sa situation. Il doit s'agir de ce qui concerne en propre le politique. Glisser tout de suite sur les questions de supplément d'âme, c'est ne pas se coltiner avec son travail, sa mission, osons le mot que vous avez utilisé au Latran, sa « *vocation* ».

Et c'est un peu bizarre car, a priori, cela ne vous ressemble pas, Président superactif. Mais en privilégiant de tels thèmes, vous donnez raison au commentaire pictural de Plantu[11]. Son dessin synthétise la question : il porte sur la crise économique. Le Sarkozy candidat en 2007 dit : « J'm'en fous !! J'irai chercher la croissance avec mes petits doigts ! » Le Sarkozy président de 2008 est à genoux et dit : « Prions ! »

Dans un ouvrage fort pertinent, Marc Andrault remarque que, lorsque vous parlez de « *l'espérance d'une vie après la mort* », « la confusion entre espérance et foi escamote la question de savoir si l'on sera ou non sauvé » qui, historiquement, est centrale dans les traditions religieuses confessionnelles. Quand vous dites que « *les religions constituent le support d'une espérance* », vous êtes également dans une perspective où la fonction l'emporte sur le contenu : « sur un support on inscrit le message que l'on veut[12] ». Cette évacuation d'un contenu au profit d'une instrumentalisation politiquement fonctionnelle est typique de la religion civile.

Nous n'avons pas besoin de cette monstruosité : une religion civile américaine à la française ! La lutte contre les discriminations et pour la promotion de la diversité qui est, désormais, celle de notre pays est une noble cause. Avouez, maintenant que vous êtes Président, que Jacques Chirac a eu raison de créer la Halde (Haute Autorité de lutte contre les discriminations et pour l'égalité), en 2005, ce que le gouvernement Jospin avait, malheureusement, refusé de faire quelques années auparavant. Le défi de la diversité culturelle et religieuse est un grand défi. Il faut le gagner laïquement. Il faut adopter pour cela, Président, une laïcité inventive, dynamique, pas lui tourner le dos. Donnez alors un horizon historique à votre action, pas l'horizon de l'au-delà.

# VII

# *Des racines mythiques contre l'histoire scientifique*

« *Les racines de la France sont essentiellement chrétiennes* », avez-vous doctement énoncé. Et, tout fiérot d'une telle affirmation, savant Président, vous avez raconté l'histoire à votre manière, en prétendant rapporter des « *faits historiques* ». Dans ce mélange entre mythe et histoire, vous vous êtes magistralement emmêlé les pédales, permettez-moi de vous le dire, moi humble et modeste serviteur de la science historique.

Qu'une nation, qu'un État-nation se construise un fondement mythique semble inévitable. On peut, effectivement, appeler cela « *les racines* ». Le problème est que la France possède deux fondements mythiques en forte tension. Le mythe des origines de la France n'est pas « *essentiellement chrétien* », il est essentiellement double.

Il n'en va pas de même, par exemple, aux États-Unis : leur fondation comme nation moderne peut se situer dans le prolongement de la fondation de l'Amérique anglaise et le *Thanksgiving Day* (célébrant l'arrivée des Pères Pèlerins sur le sol américain en 1620) peut être mis sur le même plan que la fête nationale américaine du 4 Juillet (célébrant l'indépendance des États-Unis à l'égard de l'Angleterre), et c'est pour cela que la religion civile a de l'impact. En France, les deux références fondatrices vont dans des directions opposées. Cela a rendu la religion civile républicaine conflictuelle, en tout cas jusqu'à la fin du conflit des deux France et l'arrivée massive de l'islam dans l'Hexagone[1].

La première référence fondatrice concerne le baptême chrétien du chef franc « païen » Clovis, qui aurait eu lieu en 496 de notre ère, et aurait constitué une première unification de la future France avec comme fondement la foi chrétienne « catholique, apostolique et romaine ». C'est une référence particulièrement mythique puisque la France n'existait nullement au V^e^ siècle ! Mais là n'est pas l'essentiel. Vous en parlez, mais (nous allons le voir) en commettant une très significative erreur.

La seconde référence fondatrice concerne la

naissance de la France moderne, de la France républicaine (et nous sacralisons facilement la Rrrrépublique !) grâce à la Révolution française. Cette seconde fondation, celle de la modernité politique française, inscrit dans la mémoire le temps d'un conflit frontal et violent avec le catholicisme romain, alors la seule religion autorisée. De cela, vous ne dites mot. Vous êtes au Latran, certes, mais ce rejet dans l'impensé vous conduit à un dérapage incontrôlé.

Car, second problème, si on pardonne à un président de la République de ne pas être historien, avec ce que cela comporte d'érudition, de travail d'archives et de problématisation, du moins ne doit-il pas énoncer des contrevérités. C'est malheureusement votre cas et elles ne sont nullement laïquement innocentes ! Or vous accordez beaucoup de place à l'histoire et c'est fort logique puisque vous appelez de vos vœux « *l'avènement d'une laïcité positive* ». « *L'avènement* », cela implique qu'elle n'existait pas jusqu'alors. Si, comme je vais le faire, on démontre le contraire, toute votre argumentation s'écroule.

Prenons les «*faits historiques*» que vous relatez, dans l'ordre chronologique.

Je vous écoute: «*C'est par le baptême de Clovis que la France est devenue fille aînée de l'Église. Les faits sont là. En faisant de Clovis le premier souverain chrétien, cet événement a eu des conséquences importantes sur le destin de la France et sur la christianisation de l'Europe.*»

«*Les faits sont là.*» Non, justement! À l'époque de ce baptême (vers 496, dit-on), l'Italie est dominée par les Ostrogoths, l'Afrique latine par les Vandales, l'Espagne et la Gaule méridionale par les Wisigoths, et les Burgondes sont installés dans la vallée du Rhin. Ils sont *tous* chrétiens! La seule exception est due aux Francs restés païens et le baptême de Clovis et ses guerriers francs va y mettre fin.

Vous n'avez peut-être jamais entendu raconter l'histoire ainsi, et pour cause. Exprès, je n'ai pas mentionné une précision: le christianisme des Barbares, des Ostrogoths aux Burgondes, est alors un christianisme arien (du nom d'Arius) qui s'est développé en Occident, utilisant les langues nationales dans la liturgie et la prédication. Schématiquement, Arius, prêtre d'Alexandrie (alors un haut lieu de la Chrétienté), voulant sauvegarder l'unicité et la transcendance de Dieu, affirme que Jésus, son « Fils », est une créature subordonnée au « Père » ; il n'est pas lui-même Dieu *.

Je vois d'ici le frère Verdin, un rien honteux de vous avoir caché ces choses-là, vous souffler à l'oreille que cette fameuse doctrine arienne a été condamnée au concile de Nicée (325) et déclarée « hérétique ». C'est vrai, catholiques, orthodoxes, protestants sont aujourd'hui des chrétiens nicéens, et les autorités religieuses chrétiennes (exceptés certains protestants) ne considéreraient pas comme chrétiens ceux qui ne confesseraient pas un Fils « de même nature » que le Père. Certes, mais pour une histoire non confessionnelle, scientifique, laïque, l'arianisme constitue une branche comme une autre du christianisme. Cette branche aurait bien pu triompher. Elle a même failli triompher et cela aurait induit une autre « *christianisation de l'Europe* ».

Effectivement, le baptême de Clovis marque

---

* Était-ce prescience ? Lors de votre discours du Latran, j'avais déjà livré à l'imprimeur le manuscrit d'une *Petite Histoire du christianisme* (Paris, Librio, 2008) qui vous donne l'essentiel de vingt siècles en 93 pages, s'il vous plaît ! À défaut du Fouquet's, c'est en vente dans les grandes surfaces.

un tournant dans la lutte entre chrétiens ariens et chrétiens nicéens. Mais il est complètement faux (d'un point de vue historique) de prétendre que Clovis fut le «*premier souverain chrétien*». Sans parler des empereurs romains qui avaient été chrétiens bien avant lui, ni des rois d'Arménie (le premier pays officiellement chrétien vers 295). En tout état de cause, et pour s'en tenir à l'Occident de la fin du v^e^ siècle, s'exprimer comme vous le faites, c'est adopter un point de vue ecclésiastique, clérical, déniant le titre de «chrétiens» aux hérétiques. C'est ériger un dogme chrétien en vérité d'État.

Ériger un dogme religieusement orthodoxe en vérité d'État est plus grave que d'instaurer certains liens administratifs entre l'État et une religion. Avec Bonaparte, il existait, certes, un Concordat, mais le catholicisme n'était plus une doctrine officielle : «L'État ne se prononce pas sur la vérité du catholicisme mais [le] prend comme un fait [...] ayant une utilité sociale[2]», écrit un spécialiste. Au XX^e^ siècle, en Europe, on ne trouve guère que l'Espagne franquiste où le catholicisme a été vérité d'État.

Rassurez-vous, Conseillers un brin ignares et Président qui leur faites trop confiance, je ne vais pas brandir une banderole : «Sarko = Franco».

Votre « *laïcité positive* », si cléricale soit-elle, n'ira pas, j'en suis sûr, jusqu'à ériger la transsubstantiation en doctrine obligatoire ! Je vous fais même le crédit d'être sincère, d'avoir intériorisé les éléments de laïcité quand vous évoquez un peu plus loin la « *liberté de croire ou de ne pas croire, [la] liberté de pratiquer une religion ou d'en changer* ». Il est, pourtant, très significatif d'avoir repris à votre compte une version très confessionnelle de l'histoire, celle qui rejette les hérétiques en enfer.

Il me semblait justement que l'Église catholique avait, ces dernières décennies, fait repentance de fautes passées, dont on ne trouve pas la moindre trace dans votre historique uniquement positif, et même franchement idyllique, de la « *relation si particulière [...] que la France entretient avec le Saint-Siège* ».

Cet angélisme, où vous vous montrez plus catho que les derniers papes, vous a valu la correction sévère d'un professeur d'histoire-géographie. Il commente, notamment, votre phrase : « *La foi chrétienne a pénétré en profondeur la société française, sa culture, ses paysages, sa façon de vivre, son architecture, sa littérature* » et met en marge de votre copie : Sarkozy « omet de signaler que les plus belles œuvres de l'Église sont contemporaines de ses pires turpitudes. Le siècle de Vézelay est aussi celui des croisades. On brûlait les hérétiques alors que se construisaient les cathédrales gothiques, et les superbes motets et les *Te Deum* chantés à la chapelle royale ne font pas oublier les galères et les dragonnades de Louis XIV[3] ». Les victimes de ces « turpitudes » ont été des juifs, des musulmans ainsi que des chrétiens eux-mêmes.

Je vois Emmanuelle Mignon vous souffler à votre oreille droite la même réponse que Philippe Verdin vous susurre à l'oreille gauche. Elle consiste à dire qu'il faut tenir compte de ce qu'un penseur avisé comme Jean-Marie Bigard appellerait « les conditions d'énonciation » : les circonstances, le lieu (le Latran) où l'on va plutôt dire des gentillesses qu'insister sur les choses qui fâchent. J'en prends acte mais je ferai une double réponse à vos maîtres penseurs.

D'abord, quand il s'est agi de Riyad et de l'Arabie saoudite, vous vous êtes entendus comme larrons en foire, Guaino et vous, pour glisser très diplomatiquement dans vos éloges des critiques, parfois presque explicites. Ceux qui font dans l'antisarkozysme primaire ne s'en sont pas rendu compte. Mais le fait n'a pas échappé à Jean-Louis Schlegel qui écrit : « Ce discours constitue une critique très habile de l'islam défendu et répandu par la dynastie saoudienne[4]. » Et je ne peux d'ailleurs que vous en féliciter.

Voici quelques exemples de jugements feutrés que les Saoudiens ont certainement reçus cinq sur cinq. Vous indiquez : *« Votre devoir de faire en sorte que chacun, qu'il soit juif, catholique, protestant, musulman, athée, franc-maçon ou rationaliste, se sente heureux de vivre en France, se sente libre, se sente respecté dans ses convictions, dans ses valeurs, dans ses origines. »* Plusieurs messages en un seul. Certes, vous parlez de la France, mais c'est poser implicitement la question : qu'en est-il en Arabie saoudite ? Or ce pays n'admet que l'islam. Les divers christianismes, par exemple, ont leurs offices religieux dans les ambassades, pas ailleurs. Ensuite, vous commencez votre liste par les juifs, ce n'est nullement par hasard. Et vous y incluez les athées, francs-maçons, rationalistes, ce n'est pas non plus fortuit !

D'ailleurs, pour le cas où vos auditeurs feraient semblant de ne pas comprendre, vous en rajoutez une louchée, sans trop en avoir l'air, rappelant à cet État, qui pense son territoire comme l'équivalent d'une grande mosquée, que « *toute civilisation est le produit d'un métissage* » et que « *la diversité n'est pas seulement une valeur occidentale. C'est une valeur commune à toute civilisation* ». Vous osez même affirmer que les changements nécessaires ne s'effectuent, en Arabie saoudite, que « *lentement* », donnant en exemple, pour le « *droit des femmes* », ce que fait le roi du Maroc. Et vous assumez cette audace en précisant que la France veut être « *une amie qui ne cherche pas à donner des leçons mais qui dit la vérité* ».

Certes ces propos se trouvent enrobés d'éloges, dont quelques-uns sont fort discutables. Mais comme c'est la loi du genre (et du business !), les critiques, même douces, comportent plus de significations que les compliments convenus et prévisibles. Encore une fois, bravo, courageux Président... mais que ne trouve-t-on semblable prise de distance dans le discours du Latran ?

Vous êtes plus intimidé par les « princes de l'Église » que par ceux d'Arabie ? Mais que diable, si j'ose dire, vous avez des conseillers payés pour vous inventer quelques subtilités langagières afin de parler de la laïcité sans pour autant blesser vos hôtes, n'est-ce pas ?

Moi, je vais vous indiquer, *gratis pro Deo* bien sûr, comment vous auriez pu effectuer vos critiques avec moult génuflexions et encens.

Primo, puisque vous répétez à tout bout de champ, dans ce discours, que vous êtes d'accord avec le pape, vous auriez pu partir de « *l'exigence de repentance* » de Jean-Paul II dont vous parliez dans votre livre d'entretiens[5] et vous déclarer d'accord avec elle. Cela aurait permis d'aborder l'ambivalence du christianisme dans les siècles passés, sa volonté de domination en même temps que ses élans civilisateurs, sans faire preuve de la moindre impertinence. Astucieux, non ?

Secundo, vous pouviez surprendre tout le monde, justement en rappelant Avignon. À la réflexion, il ne fallait pas censurer Emmanuelle, Philippe. Il fallait vous concentrer. Et faire dire à notre représentant : De même que vous vous repentez de vos fautes passées, de même je vous le dis, la volonté gallicane de Philippe le Bel de réduire à sa botte la papauté, ce n'était pas bien. Ce n'est nullement cela, la laïcité. Et moi, Sarko Ier, je me couvre de cendres et fais pénitence.

Vous m'avez compris, l'idée c'est d'affirmer : Vous, Chrétienté, et moi, pouvoir temporel, grosses bêtises avons faites l'un et l'autre ! Mais depuis que dame laïcité nous a séparés, en 1905, et nous fait vivre en bonne intelligence, eh bien, nous pouvons « *faire en sorte que chacun, qu'il soit juif, catholique, protestant, musulman, athée, franc-maçon ou rationaliste, [...] se sente respecté dans ses convictions, dans ses valeurs, dans ses origines* » (ça, vous l'avez dit à Riyad).

Si vous aviez déclaré cela, quels conseillers merveilleux et quel Sarko génial auriez-vous été ! Votre ministresse de l'Intérieur, de la Police... et des Cultes aurait pu, à bon droit, traiter de « laïques archaïques » les quelques dinosaures qui confondent laïcité et gallicanisme à la Philippe le Bel. Et vous ne vous seriez pas magistralement planté quand vous êtes passé de l'histoire des relations entre la France et le catholicisme à l'histoire de la laïcité en France.

# VIII

# *De la loi de 1905, ou l'histoire laïcisante contre la mémoire sacralisante*

Après avoir parlé de « *la relation si particulière* [que] *la France entretient avec le siège apostolique* » de façon très favorable, voire angélique, vous en venez, Président historien, à aborder la laïcité : « *Tout autant que le baptême de Clovis, la laïcité est également un fait incontournable dans notre pays.* » Et là, en contraste avec cette description uniquement positive du passé chrétien (plus exactement catholique) de la France, vous portez trois jugements négatifs. Ils sont dépendants d'un grave contresens, qui en fournit la clé. Pour critiquer ce contresens fondamental, Président, point n'est besoin d'aller chercher très loin : il suffit de lire le livre d'entretiens publié par un ministre de l'Intérieur en 2004… et offert par vous au pape en 2007.

Le premier jugement concerne la loi de séparation des Églises et de l'État. Vous avez l'intention de la modifier plus ou moins. Je vous dirai ce que j'en pense. Mais avant de la changer, il faut bien la connaître. Voyons alors ce que vous en dites : *« Je sais les souffrances que [la] mise en œuvre [de la laïcité] a provoquées en France chez les catholiques, chez les prêtres, dans les congrégations, avant comme après 1905. Je sais que l'interprétation de la loi de 1905 comme un texte de liberté, de tolérance, de neutralité est en partie une reconstruction rétrospective du passé. »* Deux absurdités en quelques lignes (qui contiennent chacune plusieurs erreurs). D'abord, le court-circuit opéré entre la lutte contre les congrégations effectuée avant 1905 et la loi de 1905 et ses suites. Ensuite, l'affirmation que la loi de 1905 serait « *un texte de liberté* » essentiellement par « *une reconstruction rétrospective du passé* ».

Reprenons les deux absurdités l'une après l'autre.

Répondre à la première permet de répondre, déjà, à moitié, à la seconde qui s'y emboîte. Cela vaut donc la peine de s'attarder un peu sur ce court-circuit entre lutte contre les congrégations et loi de 1905. De plus, vous vous entendez comme larrons en foire, Emmanuelle Mignon et Philippe Verdin, pour faire d'un tel court-jus votre stratégie favorite dès que l'on met en lumière votre peu de sérieux historien. On vous dit : « loi de 1905 », vous répondez : « lutte contre les congrégations », tout comme un illusionniste fait disparaître un lapin pour faire s'envoler un pigeon. Sauf que votre tour est raté : le lapin reste toujours bien visible et personne ne va se laisser pigeonner !

La lutte contre les congrégations a comporté deux temps forts, d'abord au début des années 1880, en réponse à leur rôle dans le gouvernement d'Ordre moral et la crise du 16 mai 1877, tentatives plus ou moins feutrées de restauration monarchique. Conduite par Jules Ferry, cette riposte fut brève[1]. Ensuite, et surtout, de 1899 à 1904, en réponse à l'affaire Dreyfus, au rôle de certaines congrégations dans l'antisémitisme dreyfusard et la déstabilisation de la République, notamment ce qui a accompagné la tentative de coup d'État de Déroulède en février 1899.

« J'ai la mémoire qui flanche, J'me souviens plus très bien. » Vous devriez entonner cette chanson de Jeanne Moreau, Emmanuelle, et Philippe vous accompagnerait à la guitare. Cela vous rappellerait les feux de camps scouts, excellents souvenirs, je n'en doute pas. Pour parler avec justesse de l'anticongréganisme, il ne faut pas, comme précisément vous le faites, oublier ce qui l'a provoqué. À tel point que Louis Barthou, ministre de l'Intérieur d'un gouvernement qui jouait la réconciliation entre catholiques et républicains entre 1896 et 1898, mais « adversaire du nationalisme et de l'antisémitisme », estima rapidement « que les événements lui avaient donné tort ». Il n'aurait pas dû ignorer le « danger clérical » ; désormais il voulait « garantir le pouvoir civil contre les "empiètements des congrégations politiciennes"[2] ».

Un siècle après, les historiens peuvent évaluer sereinement, grâce aux archives, le degré d'engagement congréganiste, et plus largement catholique, dans les menées antirépublicaines. L'historien britannique Maurice Larkin (catholique par ailleurs, ce qui doit vous plaire !) a minutieusement dépouillé, entre autres, des fonds des congrégations elles-mêmes et des archives vaticanes.

Voici ses conclusions : la propagande pour un État fort abolissant les lois laïques, s'appuyant sur l'Église catholique et considérant juifs, francs-maçons, protestants comme des citoyens de seconde zone, n'est pas douteuse. L'appui à un coup de force est moins clair. De nombreuses rumeurs circulèrent, auxquelles crurent les républicains. Certains indices peuvent les corroborer, mais sans preuve formelle[3].

Larkin se demande si cela « justifie » les mesures prises alors contre les écoles congréganistes et certains catholiques présents dans l'armée et les services publics. La réponse donnée ne dépend plus seulement de l'évaluation historique, mais d'un jugement citoyen sur la manière dont la démocratie doit être défendue. Pour ma part, je l'ai écrit, j'estime que les mesures sont allées nettement au-delà du nécessaire et ont engendré un dangereux engrenage où, contre la laïcité-arbitre de Jules Ferry, on a promu une laïcité idéologique, que l'on a significativement qualifiée de « laïcité intégrale[4] ». Elle fut marquée par la loi de 1901 sur les associations, qui met les congrégations à part, et par la loi de 1904, qui leur interdit l'enseignement.

Le résultat a été le départ pour l'exil hors de France d'environ trente mille congréganistes[5], et la « sécularisation » de milliers d'autres, c'est-à-dire l'abandon des signes ostensibles d'appartenance (la vie communautaire, la règle, l'habit). La laïcité française a parfois tendance à croire, un peu naïvement à mon avis, que (contrairement au proverbe) « l'habit fait le moine » !

Des débats très houleux se déroulent alors aux deux Chambres, on en vient presque aux mains[6]. Un engrenage risque de se mettre en place : chaque mesure prise, n'arrivant pas à réduire la menace ressentie, en appelle une plus forte. Les chemins de la « laïcité intégrale » ne vont-ils pas s'écarter de ceux de la démocratie libérale ? Des républicains influents comprennent le danger : « Pour éviter la congrégation, nous faisons de la France une immense congrégation », tonitrue Clemenceau à la tribune du Sénat. Après avoir présenté un projet de séparation, qui séparait surtout l'Église catholique française de Rome et accentuait le contrôle de l'État sur la religion, Combes doit quitter le pouvoir en janvier 1905.

Le rapporteur de la Commission parlementaire sur la séparation, Aristide Briand, avait déjà pris le relais. Avec un tout autre état d'esprit et en utilisant une tout autre méthode : faire travailler ensemble la majorité et l'opposition, être un « faiseur de calme[7] ». Son but : rompre avec la « laïcité intégrale » et effectuer une séparation laïque et conciliatrice. Socialiste, républicain, il présente, dès 1904, son projet en se situant aux antipodes du discours guerrier d'Émile Combes et interpelle ainsi ses amis : « Ayez du sang-froid, sachez résister aux surenchères, ne craignez pas d'être taxés de modérés, d'opportunistes. Personnellement, j'ai été traité de clérical (*On rit*), à cause de la modération de mon projet ; peu importe[8] ! » D'autres invectives sont à venir, comme celle de « socialiste papalin » adressée à Briand et Jaurès par les tribuns du Parti radical et radical-socialiste.

Cette dernière attaque avait ses raisons : avec l'article 4, adopté (comme d'autres articles de la loi) grâce à un vote conjoint d'une bonne partie de la droite, du centre et des socialistes, et malgré l'opposition de la gauche radicale et radsoc, l'Église catholique pouvait conserver (dans un régime où elle aurait beaucoup plus de liberté que sous le Concordat) son organisation propre, qualifiée alors par ses représentants eux-mêmes de « monarchique ».

Ce n'est pas le lieu ici de retracer l'histoire de la construction de la loi. Cela a été déjà effectué à plusieurs reprises[9]. Pour ma part, j'ai tenté d'aborder le sujet d'une autre manière en montrant que la laïcité de 1905 n'est pas une « exception française » et en insistant sur « les séparations auxquelles nous avons échappé[10] ». Je rappellerai donc simplement le bilan donné par deux historiens du catholicisme, Jean-Pie Lapierre et Philippe Levillain : « Les gains furent incomparables par rapport aux pertes [...]. L'État acceptait de perdre tout droit de regard sur cette immense force politique et sociale que constituait l'Église catholique en France. [...] On comprend qu'on ait pu parler du texte de Briand comme d'un texte admirablement libéral[11]. »

Vraiment, la confusion entre la politique anticongréganiste de 1899-1904 et la loi de séparation de 1905 n'a pas l'ombre d'un prétexte. D'autant que Briand, devenu ministre puis président du Conseil, appliqua les lois de 1901 et 1904 dans un état d'esprit irénique, bien différent de celui de leur vote[12] et que deux notes du Bureau des cultes du ministère de l'Intérieur, l'une de 1917 et l'autre de 1921, attribuent précisément à la loi de 1905 l'échec de la politique anticongréganiste menée par la République française de 1899 à 1904[13].

Vraiment, vous le voyez, ignorant Président, vous avez été carrément victime d'une désinformation de la part de vos très catholiques conseillers. Vous pourrez leur rappeler que le mensonge par omission est un vilain défaut...

La loi de 1905 interprétée comme « *un texte de liberté, de tolérance et de neutralité [...] reconstruction rétrospective du passé* », qu'est-ce à dire ? Nous avons dialogué vous et moi, Emmanuelle Mignon, via Henri Tincq, du journal *Le Monde*. J'avais achevé de le convaincre, par une longue conversation téléphonique, qu'on ne pouvait ainsi parler de cette loi. Vous vous êtes élevée contre ma « reconstitution de l'histoire » selon laquelle la loi de séparation serait passée « en douceur[14] ».

Nouvel escamotage d'illusionniste amateur. Qui soutient que la loi de 1905 serait passée « en douceur » ? Certainement pas moi qui ai largement cité l'article du député Albert de Mun, dans *La Croix*, le lendemain même du vote. Il compare cette loi à... la mise à mort du Christ ! Son but serait d'« anéantir l'Église de France ».

Pourtant, voyez-vous, Madame la Conseillère, Mun est obligé lui-même de reconnaître que la loi qu'il fustige est politiquement libérale. Au milieu de ses invectives, il écrit en effet : « Nous avons le cou dans le nœud coulant. Doucement, progressivement [...] dans quelques mois [on] serrera la corde pour l'étranglement décisif[15]. »

« Doucement », Emmanuelle Mignon, à

défaut de « en douceur » ! Surtout, ce n'est pas la loi elle-même qui étrangle, ce seront des mesures qu'on annonce imminentes comme le règlement administratif qui doit préciser les choses (dans le mauvais sens, selon Mun). Mais, son de cloche différent, le même numéro de *La Croix* rapporte la déclaration du président de la Commission sénatoriale : « Qui nommera dorénavant les évêques ? Le pape tout seul. » Et *La Croix* de commenter : « Nous souhaitons sincèrement que le règlement d'administration publique ne démente en rien cette déclaration. C'est la question capitale. » Le 7 mars 1906, ce règlement, effectivement, ne dément rien.

Trois semaines plus tard, les « cardinaux verts » (c'est-à-dire des « catholiques convaincus et fidèles », membres des diverses Académies) demandent à leur hiérarchie d'appliquer une loi « qui permet de croire ce que nous voulons et de pratiquer ce que nous croyons ». Ces messieurs très distingués et, en général, conservateurs avaient parfaitement compris, dès 1906, que la loi de 1905 est « *un texte de tolérance, de liberté, de neutralité* ».

Quand j'ai raconté cela à un débat sur France Culture, vous avez répondu, Philippe Verdin, qu'il s'agissait de laïcs, non de la hiérarchie. Cela ne devrait pas rejeter leurs propos dans l'impensé, du moins pour un président de la République française qui n'a pas à raisonner selon les critères internes de l'Église catholique.

De plus, et je l'ai aussitôt précisé, les évêques eux-mêmes pensaient, en gros, cela. Ils l'ont clairement indiqué, fin mai 1906, lors de la première assemblée qu'ils eurent la liberté de tenir depuis l'Ancien Régime (sous le Concordat, une autorisation était nécessaire, et aucun gouvernement, même le plus « clérical », ne l'avait jamais accordée !). Preuve en est qu'après avoir condamné le principe de la séparation (72 contre 2), ils estiment possible d'appliquer la loi (48 pour, 26 contre) et adoptent des statuts d'associations « canonico-légales » (c'est-à-dire conformes à la loi et conformes au droit canon) par 59 voix contre 17. Belle majorité !

En fait, au conflit entre laïques (Briand et les conciliateurs contre les laïques intransigeants) a répondu un conflit entre catholiques, mettant également aux prises des conciliateurs et des intransigeants. La décision d'inventaires de biens d'Église avait été introduite dans la loi à la demande de députés de la droite et du centre, pour éviter tout vol. Une maladresse dans la circulaire d'exécution permet à ces catholiques intransigeants d'en découdre. Mais la crise, vive dans certaines localités, ne dure que quelques mois et l'iconographie en biaise le souvenir en le dramatisant à outrance. Un historien a montré que, le plus souvent, « les attitudes adoptées par les paroissiens témoignent d'une volonté de penser l'événement plus comme une cérémonie religieuse expiatoire que comme une insurrection[16] ». Autrement dit : On est politiquement battu, mais on a quand même gagné liturgiquement !

En mai 1906, la majorité sortante est renforcée par les élections législatives. Si la majorité des Français (au sens strictement masculin du terme, puisque les femmes ne votaient pas) avaient ressenti la loi comme « persécutrice », tel n'aurait pas été le cas. Vous allez me dire, tous les deux, Emmanuelle et Philippe, que le jeu était truqué car les hommes étaient libres-penseurs et les femmes pieuses. En fait, c'est plus compliqué.

La répartition des rôles entre femmes et hommes, alors, correspondait à une stratégie familiale où tous souhaitaient une relation de proximité et de distance avec la religion. Proximité pour pouvoir bénéficier des « secours de la religion » (catéchisme, mariage, enterrement, notamment). Distance pour ne pas être trop sous la coupe des curés (la limitation des naissances était déjà depuis longtemps une réalité, malgré l'interdiction catholique). Si la loi de 1905 n'avait permis que la distance, le corps électoral, même masculin, l'aurait désavouée. Le fait que les députés se trouvaient en 1905 en fin de mandat a constitué une aide pour la politique conciliatrice de Briand. La crainte de l'électeur peut être, parfois, le début de la sagesse !

Reste le fond de l'affaire : le refus du pape, malgré l'acceptation des évêques. Maurice Larkin, l'historien déjà cité, montre, archives à l'appui, dans un ouvrage qui fait autorité parmi ses confrères et consœurs, qu'il est dû beaucoup moins au contenu de la loi qu'à la peur d'une contagion dans la dénonciation des Concordats, selon la théorie des dominos. La « secte internationale » (c'est-à-dire la franc-maçonnerie), invoquant « l'exemple de la France comme un modèle de progrès », prépare des projets de loi analogues « en Hongrie, en Espagne et au Portugal, sans parler des Républiques américaines », déclara Merry del Val, conseiller de Pie X[17]. Le pape désavoue donc non seulement le principe de la séparation, mais il demande aux catholiques de ne pas appliquer la loi. Comme quoi,

Président, lui non plus n'avait pas de très bons conseillers.

Mais dites-moi, Emmanuelle, Philippe, et vous aussi Président, n'est-ce pas très grave ce non-respect de la loi ? Que dirions-nous aujourd'hui d'un iman ou d'une autorité religieuse qui appellerait ainsi à la désobéissance ? Nous n'aurions pas assez de mots pour fustiger une telle attitude. Pour la refuser. Pour que force reste à la loi et qu'elle s'applique tout de même. Et nous aurions raison. Pourtant, ce n'est pas ce qui est arrivé alors.

En effet, la directive du pape comportait un piège redoutable. À partir de décembre 1906, la célébration de la messe ne s'effectuant pas selon le cadre des associations cultuelles prévues par la loi (contrairement au culte protestant et à l'office à la synagogue, où la loi était appliquée), elle devenait délictueuse. La création d'un « délit de messe », le pape en rêvait chaque matin en se rasant ! Il aurait eu, enfin, sa « persécution ». Il aurait pu dire : Vous voyez bien qu'il ne s'agit pas d'« *un texte de liberté, de tolérance, de neutralité* ».

Qu'a fait alors Briand, devenu ministre ? Il a récupéré des biens, comme les palais épiscopaux, qu'il ne pouvait donner à des associations cultuelles catholiques qui n'existaient pas. Cela montrait aussi à ses amis, un peu goguenards (style : « Tu vois bien, ton dangereux article 4 n'a servi à rien : avec les cathos, plus tu en donnes, plus ils demandent. C'est sans fin »), qu'il ne baissait pas culotte.

Et encore, même à ce sujet, Briand et le Parlement cherchèrent des accommodations pour permettre à l'Église catholique de sauvegarder certains de ses biens, malgré sa non-conformité à la loi. Ainsi la loi du 13 avril 1908 en attribuait à des sociétés de secours mutuels catholiques. « Mais cette loi, comme tant d'autres, se heurta à l'intransigeance de Rome. » Lesdites sociétés « furent ainsi réduites en miettes par la mule du pape, entraînant dans leur chute les biens qui leur étaient associés[18] ».

Quant à la liberté de culte, Briand a réussi à imposer à sa majorité la laïcité-roseau, celle qui plie mais ne rompt pas, contre la laïcité-chêne, plus ferme, plus impressionnante, mais que la bourrasque aurait pu emporter.

En effet, il a fait voter, en urgence, une nouvelle loi, le 2 janvier 1907, pour permettre le libre exercice du culte catholique malgré la désobéissance du clergé (sur ordre du pape) à la loi. Il a très clairement indiqué, aux deux Chambres, son objectif : « Faire une législation telle que, quoi que fasse Rome, il lui soit impossible de sortir de la légalité » ; « mettre l'Église catholique dans l'impossibilité, même quand elle le désirerait d'une volonté tenace, de sortir de la légalité ». Je mets votre main à couper, Président, que vous ne trouverez pas un exemple où la République a fait preuve de plus de « *tolérance* » et a donné plus de « *liberté* » !

C'est vraiment un conseil d'ami, cessez d'écouter Philippe Verdin. Il est l'auteur d'une note absurde qui vient comme une verrue dans votre si beau livre d'entretiens, à propos de l'accord qui a finalement eu lieu en 1923-1924 entre Aristide Briand (qui, décidément, a eu de la suite dans ses idées... conciliatrices) et Mgr Ceretti, représentant du Saint-Siège à Paris. Il prétend que l'accord avait « pour but de trouver des solutions à différents problèmes nés de la loi de séparation[19] ». Que non ! Les problèmes venaient de la *non*-application, par les catholiques, sur ordre du pape, de la loi de séparation ! Verdin a faux sur toute la ligne.

Bien sûr, je n'attendais pas de vous que vous fissiez la leçon au pape en fustigeant la conduite de son prédécesseur Pie X, mais ratifier, insidieusement et implicitement, par vos propos, l'attitude de refus des lois de la République prise alors par le souverain pontife, n'est-ce pas une manière feutrée de confondre le Latran et Canossa ? Vous comprendrez que ceux qui connaissent un peu cette histoire aient été scandalisés. Car j'ai fait un petit sondage pour savoir comment votre phrase était comprise. La réponse a été unanime : la loi de séparation n'était guère, en 1905, « *un texte de tolérance, de liberté, de neutralité* ». Elle l'est surtout devenue « *rétrospectivement* ».

Cependant, je vous l'accorde, une autre lecture de votre propos serait possible. Celle qui indiquerait que ce sont surtout les historiens qui ont permis de savoir que la loi de 1905 est « *un texte de tolérance...* ». Mais, d'une part, le travail des historiens ne semble guère vous intéresser et, d'autre part, même dans cette acception, votre phrase serait fausse : comme nous venons de le voir, des acteurs, notamment des académiciens catholiques, et la majorité des évêques avaient parfaitement compris, dès l'époque de son adoption, que cette loi était conciliante. Et je pourrais citer d'autres exemples ; tenez, un député du centre-droit Charles Benoist, partisan du Concordat : il reconnaît, dès mars 1905, que la loi sera « extrêmement libérale » (*sic*), mais il a peur qu'elle le soit trop et que, le prêtre échappant alors à l'État, on ne puisse « le ressaisir que par des lois qui [...] deviendront facilement oppressives ».

En revanche, si vous aviez explicité cette autre lecture, même fausse dans une large mesure, elle aurait pu ouvrir un intéressant et très actuel débat.

Le débat entre mémoire et histoire. On nous bassine actuellement avec le devoir de mémoire et cela conduit à de dangereuses dérives. Vous-même, Président moralisateur, vous avez « glacé le sang » de Simone Veil par votre « insoutenable » proposition de confier, à des élèves de dix-onze ans, la mémoire d'un enfant juif mort pendant la guerre. Votre désir d'en faire toujours plus sans demander l'avis à personne, même pas aux principaux intéressés (les représentants des institutions juives qui tombaient des nues en vous écoutant à ce dîner du CRIF) vous a, convenez-en, fait dire une absurdité. Au moins cet épisode malheureux en aura fait réfléchir plus d'un sur cette exploitation outrancière de la mémoire qui frise parfois la pathologie.

De façon plus générale, il est temps de remplacer le devoir de mémoire par le devoir d'histoire, comme l'a si bien suggéré Pierre Nora : la mémoire « est ouverte à la dialectique du souvenir et de l'amnésie, inconsciente de ses déformations successives, vulnérable à toutes les utilisations et manipulations, susceptible de longues latences et de soudaines revitalisations». Elle ne «s'accommode que des détails qui la confortent».

Face à cela, l'histoire n'est nullement infaillible, elle est «la reconstruction toujours problématique et incomplète de ce qui n'est plus». Elle n'est donc pas la vérité absolue (comme la mémoire croit l'être) mais, telles les autres sciences, elle est le savoir le plus élaboré d'un temps. Désolé, nous n'avons pas mieux en magasin! L'histoire, «opération intellectuelle et laïcisante [oui, laïcisante, c'est moi qui souligne et qui insiste!], appelle analyse et discours critique. La mémoire installe le souvenir dans le sacré. L'histoire l'en débusque, elle prosaïse toujours[20]».

Vous êtes tombé, Président Obélix, dans la marmite d'une certaine mémoire catholique, ou on vous y a fait tomber. Mais vous n'y trouverez aucune potion magique, au contraire. Retenez la leçon et, désormais, devenez un farouche défenseur de l'histoire, de ses tâtonnements, de sa rationalité, face aux légendes dorée et noire de la mémoire.

Je ne vais pas vous faire un cours, mais vous

donner quand même un exemple : je vous ai parlé du vote des évêques sur l'application de la loi de séparation. Eh bien, quand il a eu lieu, il est resté secret. Seul le pape Pie X a été mis au courant à l'époque. Et celui-ci, quand il a ordonné aux catholiques de ne pas respecter la loi, a truqué les cartes, faisant comme si le premier vote épiscopal, la condamnation de principe, avait été le seul et avait donc constitué un refus d'application. Cela amène Maurice Larkin à préciser : « Il est tentant de condamner les mensonges des hommes d'Église surtout lorsqu'ils se targuent d'être les témoins de la vérité. Toutefois, contrairement aux moralistes, les historiens reprocheront davantage à Merry del Val ses erreurs de jugement. [...] Les fardeaux inutiles dont Merry del Val chargea l'Église de France en rejetant les associations [cultuelles] sont moins pardonnables[21]. »

L'historien reconstruit forcément « *rétrospectivement* » le passé. Mais cela permet de savoir des choses que la mémoire, moins bien informée, n'a pas pu inclure dans son souvenir. Outre ses choix non conscients, cela lui permet de croire à tort qu'elle a raison. Mais c'est pur obscurantisme que d'ignorer l'histoire comme démarche scientifique.

# IX

# *Des jugements négatifs sur la laïcité*

J'ai annoncé trois jugements négatifs dans votre discours sur la laïcité, succédant à un récit idyllique des relations séculaires entre la France et le Saint-Siège. J'ai traité le premier. Il me faut donc parler des deux autres.

Le deuxième ne me retiendra pas longtemps. Il est, cependant, significatif d'une approche des faits totalement unilatérale. La vision du passé que vos conseillers vous ont soufflée est la suivante : « *C'est surtout par leur sacrifice dans les tranchées de la Grande Guerre, par le partage des souffrances de leurs concitoyens, que les prêtres et les religieux de France ont désarmé l'anticléricalisme.* »

Génial : ce n'est donc pas la République qui a su vaincre ses propres démons (l'anticléricalisme des premières années du XXe qui, au départ, provenait de l'attitude catholique dominante dans l'affaire Dreyfus) et qui l'a fait avec les lois de séparation (1905-1908), c'est l'attitude des prêtres pendant la guerre de 1914-1918 ! Là encore, indirectement, vous dévalorisez la laïcité, vous la rendez négative et ne valorisez que l'attitude catholique. Si vous étiez un citoyen ordinaire, je dirais déjà que vous tenez là des propos limites... Mais vous êtes Président de tous les Français, que diable, comment pouvez-vous vous permettre un tel unilatéralisme ?

Soyons précis : la Première Guerre mondiale a effectivement contribué à la progressive réconciliation des deux France, la cléricale et l'anticléricale.

Mais d'abord, le rapprochement a eu lieu des deux côtés : les poilus ont découvert que les prêtres ne ressemblaient pas à la caricature diffusée par l'anticléricalisme, certes. Les officiers (qui, pour la plupart, étaient allés soit à l'école confessionnelle, soit dans les petites classes de lycée et n'avaient donc jamais fréquenté l'école primaire laïque) ont découvert, eux, que les soldats, issus de « l'école sans Dieu », n'étaient pas, comme on le leur avait seriné, dépourvus de valeurs morales. Que ces soldats ne fuyaient pas sous la mitraille, mais se montraient courageux, endurants et solidaires. Votre discours ne retient que le premier aspect ! Donc, déjà, vous tenez un propos calotin.

Ensuite, la loi de 1905, celle du 2 janvier 1907 dont nous avons parlé et deux autres lois complémentaires, adoptées en 1907-1908, avaient transformé la donne et fait œuvre d'apaisement, de pacification. Malgré le refus catholique de respecter la loi de 1905, la séparation fonctionne, dans le calme, dès 1908. La France de 1912-1914 n'est donc plus du tout semblable à celle de 1902-1904, le conflit des deux France n'est plus un conflit frontal.

C'est d'ailleurs ce qui permet d'instaurer, au début de la guerre, ce que l'on a appelé l'Union sacrée. Elle est possible en 1914, elle aurait été nettement plus difficile dix ans auparavant. L'Union sacrée pour la Grande Guerre s'inscrit dans le processus que la laïcité « de sang-froid » (Briand) qui a présidé à la séparation a mis en route. Encore une fois, on assiste donc là à une déformation idéologique de l'histoire. Celle-ci n'a rien d'innocent.

Le troisième jugement négatif est le suivant : *« La laïcité ne saurait être la négation du passé. Elle n'a pas le pouvoir de couper la France de ses racines chrétiennes. Elle a tenté de le faire. Elle n'aurait pas dû. Comme Benoît XVI, je considère qu'une nation qui ignore l'héritage éthique, spirituel, religieux de son histoire commet un crime contre sa culture, contre ce mélange d'histoire, de patrimoine, d'art et de traditions populaires, qui imprègne si profondément notre manière de vivre et de penser. Arracher la racine, c'est perdre la signification, c'est affaiblir le ciment de l'identité nationale, et dessécher davantage encore les rapports sociaux qui ont tant besoin de symboles de mémoire.* »

Reprenez-vous, Président. Vous refusez habituellement la repentance. Vous n'en voulez pas quand il s'agit de la colonisation où, pourtant, elle aurait quelques raisons. Vous faites, toutefois, une exception et une seule : vous vous repentez de la laïcité, du moins de ce qu'elle aurait été jusqu'à ce que Sarkozy-Zorro la sauve de ses penchants négatifs ! Or ce n'est pas de saison et là encore vous avez pratiquement tout faux.

Vous confondez, ou on vous fait confondre, Président positif, la politique religieuse révolutionnaire et l'œuvre laïque de la IIIe République. La Révolution française a eu un projet de « régénération », de création d'un « homme nouveau », arraché à ses traditions, ses habitudes, son passé qui, de ce point de vue, l'insère dans le « fanatisme » et la « superstition[1] ». Il s'agissait d'emplir cet homme nouveau des « lumières de la raison » et... on en est venu à une dérive qui a voulu transformer la raison en divinité, rendre un culte à la déesse Raison. Nouvel obscurantisme.

Comme vous pouvez le constater, Président, mon combat pour l'histoire est tous azimuts. Je ne crains pas de déplaire à ceux de mes amis qui sont dans la légende dorée révolutionnaire. La démarche scientifique implique de savoir affronter les faits désagréables pour sa propre cause, de ne pas les rejeter dans l'impensé. Mais la III^e^ République n'est nullement la Révolution dans ses dérives, même si elle s'en réclame comme d'un « bloc ».

Jules Ferry était antijacobin[2] et son projet ne reprenait pas l'emballement de 1793. Il déclarait : « Je suis l'élu d'un peuple attaché à la République et attaché à ses processions. » Il respectait ce double attachement et il aurait été de bon aloi de citer cette phrase au Latran, justement pour montrer que la laïcité n'a nullement été la négation du passé. L'historien phare de l'école laïque était Ernest Lavisse, et si ce dernier peut encourir une critique, c'est celle d'avoir un peu trop concédé à une histoire-mémoire, pas l'inverse.

La « laïcité intégrale » reprend, elle, le projet révolutionnaire de régénération. Mais elle échoue politiquement, même si (je vous l'accorde très volontiers) elle va perdurer dans l'esprit de certains laïques un peu bornés et sectaires. La séparation opérée par Briand, aidé par Jaurès, est à la fois l'accomplissement et le contraire de la Révolution.

La séparation de 1905 est l'accomplissement de la Révolution en ce sens que celle-ci avait elle-même tenté de séparer l'Église et l'État en 1795. Cette tentative s'était soldée par un échec car, malgré la séparation (nettement plus dure, d'ailleurs, que celle de 1905), le politique et le religieux n'avaient pas été vraiment désimbriqués (retour de la répression antireligieuse en 1797) et les tentatives de fabrication politique d'un « homme nouveau » par de nouvelles religiosités (culte décadaire, théophilantropie...) avaient continué. On peut donc dire que 1905 réussit là où la Révolution avait échoué.

Mais 1905 réussit grâce à la méthode inverse de la Révolution, et en ne tentant nullement

« *de couper la France de ses racines chrétiennes* », contrairement à ce que vous affirmez.

Certes il y a rupture (eh non, vous n'êtes pas le seul à prôner la rupture !) des liens concordataires, ce qui signifie la fin d'une dimension religieuse dans l'identité nationale. Certes, il y a construction d'un régime nouveau. Mais, comme l'indique Briand lui-même, sans « troubler » les « traditions » et les « habitudes ». C'est-à-dire en veillant, notamment, à ce que les églises de campagne (et les cimetières qui y sont attenants, souvent) continuent d'être le lieu où l'on adore Dieu et où l'on entretient un certain rapport avec les morts.

Donc la Chambre des députés refuse toutes les propositions iconoclastes qui renieraient le passé (interdiction pour les prêtres de porter la soutane hors des lieux de culte, changement du calendrier, des jours fériés imprégnés de christianisme, interdiction des processions sur la voie publique...). Plus encore, les édifices religieux (la quasi-totalité des églises, une partie des temples et des synagogues), propriétés de l'État, des départements et des communes, sont mis à disposition gratuitement, de façon perpétuelle, pour l'exercice du culte (certains voulaient les louer). Pour qu'il en soit autrement, il faut qu'en dehors de cas de force majeure, l'office ne soit pas célébré pendant plus de six mois consécutifs (article 13 de la loi de 1905).

Les édifices religieux dont la conservation présentait un intérêt « au point de vue de l'histoire ou de l'art » bénéficiaient, dès 1905, de fonds publics pour leur entretien (article 16). La loi du 13 avril 1908 élargit cette possibilité et, en 1914, Briand, à la demande de Maurice Barrès, étend le principe de l'aide publique à « toutes les églises bâties avant 1800 ». Cela sauva « un riche patrimoine culturel, en péril car insuffisamment bien classé dans l'inventaire du ministère des Beaux-Arts[3] ».

Grâce à de telles dispositions, il suffit aujourd'hui encore qu'une religieuse vienne célébrer une assemblée (qui, canoniquement, n'est pas une messe, puisqu'une religieuse n'est pas un prêtre) tous les six mois, dans des églises de communes minuscules où il n'y a plus guère de fidèles, pour que l'église ne soit pas désaffectée. Si on compare, en ce domaine, la situation de l'Église catholique en France avec celle du Québec, ou avec celle de l'Église anglicane en Angleterre (où elle est pourtant la religion officielle), on s'aperçoit qu'elle est infiniment meilleure. Il vous est arrivé de vous scandaliser car, disiez-vous, on ne peut pas, en

France, « *réparer le clocher de l'église* » alors qu'il est possible de « *subventionner le club de judo*[4] ». Eh bien, rassurez-vous, c'est faux : on peut le faire !

Vous auriez dû rappeler au Président, Henri Guaino, que « *le long manteau d'églises et de cathédrales qui recouvre la France* », selon la formule qui vous est chère, aurait disparu si la laïcité ne s'était pas montrée très soucieuse de conserver « *l'héritage éthique, spirituel, religieux de son histoire* », de ne négliger en rien ses « *racines* », en même temps que de garantir scrupuleusement la liberté de culte.

Le plus grave, Conseillers malintentionnés et Président mal informé en même temps que complice, le plus grave est que ces différentes erreurs historiques, cette manière fausse de raconter l'histoire, tout cela possède une forte cohérence interne. À partir du moment où le système de relations étroites Église-État est raconté de façon uniquement laudative, la nécessité de construire historiquement la laïcité ne fait plus sens. Il n'est donc pas étonnant que la laïcité soit l'objet de jugements dépréciatifs. Si tout était au beau fixe, alors on ne voit pas pourquoi, sinon par méchanceté gratuite, des écervelés ont jugé bon de réduire la puissance politique et sociale de l'Église catholique. Si on ne mentionne pas qu'il a existé un problème de liberté de conscience, alors il est impossible d'expliquer la nécessité de la laïcité.

Il faut être clair, Président brouillon. Et une réponse, certes synthétique, mais très nette, avait été faite par avance à vos propos. La voici : « *On a d'abord connu la religion qui faisait la loi ; de ce point de vue, il y avait une confusion totale dans l'Ancien Régime. Il faut quand même dire les choses telles qu'elles sont : ce qu'on reproche aujourd'hui aux musulmans, dans les pays musulmans, nous l'avons vécu il y a quelques siècles avec une imbrication totale du pouvoir religieux et du pouvoir royal.* » Cela a induit « *une volonté de la République de s'émanciper de l'influence d'une religion devenue omnipotente* ».

Cette excellente réfutation, je l'ai trouvée chez un certain Nicolas Sarkozy, dans son livre d'entretiens de 2004[5]. Pourquoi ne l'avoir pas prise en compte dans vos deux discours ?

Au Latran, cela vous permettait de dire, diplomatiquement bien sûr, que des erreurs avaient été commises des deux côtés, puisque l'État comme l'Église catholique trouvaient leur compte dans cette « *confusion totale* ». Que, sans être parfaite (je ne la sacralise pas), la laïcité avait été la solution qui avait permis des relations libres, sans domination ni d'un côté ni de l'autre.

À Riyad, vous auriez pu indiquer, avec le même enrobement diplomatique, que la France, après avoir commis une erreur analogue à celle qui empêche ce pays d'être pluraliste, s'est dégagée de cette impasse. Et aujourd'hui, les Français, croyants y compris, ne se trouvent pas plus mal de la désimbrication du religieux et du politique. Cela aurait été très utile : de même que l'on demande aux gouvernants, quand ils vont dans certains pays, de poser la question des droits de l'homme, de même il serait bon qu'ils posent la question du droit à la laïcité, du droit à la liberté de conscience de tous.

Mais, m'objecterez-vous, j'ai été plus précis que vous ne semblez le dire. Ok, Président penaud, je vais donc vous citer précisément : « *Or, longtemps la République laïque a sous-estimé l'importance de l'aspiration spirituelle. Même après le rétablissement des relations diplomatiques entre la France et le Saint-Siège, elle s'est montrée plus méfiante que bienveillante à l'égard des cultes. Chaque fois qu'elle a fait un pas vers les religions, qu'il s'agisse de la reconnaissance des associations diocésaines, de la question scolaire, des congrégations, elle a donné le sentiment qu'elle agissait parce qu'elle ne pouvait pas faire autrement. Ce n'est qu'en 2002 qu'elle a accepté le principe d'un dialogue institutionnel régulier avec l'Église catholique.* »

Voilà pêle-mêle beaucoup de questions évoquées de façon très allusive pour aboutir à un jugement très péremptoire. Tentons de faire le tri sans y passer des heures.

Les congrégations, nous en avons déjà parlé. Même si la loi de 1904 a été mise au rancart dès 1914, nous ne sommes pas sortis d'une logique de reconnaissance, impliquée par la loi de 1901, d'une perspective d'avant 1905 révélant, effectivement, une certaine « *méfiance* ». L'application de la logique de la loi de séparation aux congrégations : n'en reconnaître aucune mais leur garantir la liberté dans le respect de l'ordre public démocratique, pourquoi pas ? Mais est-ce vraiment votre idée ?

La « *reconnaissance* », ou plutôt les négociations qui ont abouti aux associations diocésaines de 1923-1924[6], là vous me mettez en rogne car vous semblez donner raison à l'ordre du pape de ne pas respecter la loi de 1905, alors que nous avons vu une République très « *bienveillante* » à l'égard du catholicisme.

La « *question scolaire* ». Vous êtes impayable, Président, vous croyez que l'on peut évoquer, sans donner la moindre précision, ce problème qui a deux siècles d'histoire, comme si l'interprétation en était évidente et donc identique, qu'on soit pape ou président d'une République laïque ! Et, bien sûr, tous les torts seraient du côté de la République ! Mais pour s'en tenir au seul épisode des années 1980, un ouvrage écrit par le secrétaire national du SNI-PEGC (le Syndicat national des instituteurs) et par le secrétaire général adjoint de l'Enseignement catholique a montré que le projet (conciliateur) d'Alain Savary a été victime d'une double intransigeance[7].

Le « *dialogue institutionnel régulier* » instauré par Lionel Jospin au début de 2002*, parlons-en. D'abord, malgré la séparation, il y a depuis

* Si c'était pour augmenter ses chances d'être élu président de la République, eh bien, il ne l'a pas emporté au paradis !

longtemps certains zestes d'officialité contestables qui perdurent. Il fut un temps où l'Église catholique n'en voulait pas : « Au début des années 1970, les prélats vont, pour marquer davantage encore la distinction des domaines, jusqu'à décliner les invitations qui leur sont adressées d'assister aux cérémonies officielles[8] », constate Philippe Portier, spécialiste de la laïcité et du catholicisme.

Ensuite, cette initiative de Jospin est laïquement ambiguë. Ce qui est contestable, ce n'est pas le « *dialogue* », naturellement, et je vous ferai remarquer que, pour certaines lois, comme celles de Lucien Neuwirth sur la contraception et de Simone Veil sur l'IVG, la Commission parlementaire avait entendu des représentants d'autorités religieuses[9]. C'est son aspect « *institutionnel* » que l'on peut critiquer. Il induit un court-circuit très peu laïque. Alors que la France entretient par ailleurs des relations diplomatiques avec le Saint-Siège, la délégation d'évêques français que Jospin a reçue en février 2002 était conduite par le nonce apostolique.

Cela ne vous a pas échappé, Président observateur, puisque vous avez rétorqué à Philippe Verdin qui tentait de vous chatouiller sur l'islam : « *Ignorez-vous que le chef de l'Église de France* est le nonce apostolique, Mgr Baldelli ? Lorsque je discute avec l'Église de France, c'est lui que j'ai comme interlocuteur au premier rang, un Italien*[10]. »

Bilan des courses : qu'il y ait eu des laïques bornés et sectaires, qui ont proféré très haut de grosses bêtises, certes. Qu'ils aient tenté d'entraîner la République dans leur sectarisme, oui. Mais ne jetez pas le bébé avec l'eau du bain et, encore une fois, ne confondez pas mémoire catholique intransigeante et histoire. Lisez ou relisez le bilan dressé par le Conseil d'État dans *Un siècle de laïcité* et vous pourrez constater que la République ne s'est pas laissé instrumentaliser[11]. Un seul exemple, sous divers gouvernements, dont celui du Front populaire de Léon Blum : la construction de nouvelles églises, dans de nouvelles zones d'urbanisation, a été grandement facilitée par la location de terrains, pour un prix très modique, par des baux emphytéotiques.

Je ne vais pas demander une loi contre la

* Il faudra peut-être un jour renoncer à qualifier l'Église catholique française par cette expression peu laïque et, par ailleurs, blessante pour les Français membres d'Églises orthodoxes et protestantes.

lecture révisionniste de l'histoire de la laïcité. Mais à chaque fois qu'elle tentera de s'imposer, comptez sur moi, Président, et vous, Conseillers, pour me battre afin que l'honnêteté intellectuelle soit respectée.

# X

# *De la laïcité positive*

Je n'ai pas, Président prolixe, la phobie des adjectifs. Je me suis même moqué à l'occasion de celles et ceux pour qui le terme de « laïcité » serait le seul mot de la langue française qu'il serait sacrilège d'accompagner par un adjectif[1]. J'ai plaidé pour le droit à la liberté d'expression : que cent adjectifs fleurissent ! Ce droit s'accompagne, ai-je ajouté, d'un autre aussi précieux : pouvoir analyser librement ce qu'implique l'usage de tel ou tel adjectif. C'est dans cet état d'esprit que j'aborde votre expression de « *laïcité positive* ». Ou plutôt, et déjà cela devient beaucoup plus ambigu, de « *l'avènement d'une laïcité positive* ».

Vous abordez ce sujet juste après votre façon singulière de raconter l'histoire. « *La France a beaucoup changé. Les Français ont des convictions plus diverses qu'autrefois. Dès lors la laïcité s'affirme comme une nécessité et une chance. Elle est devenue une condition de la paix civile. [...] C'est pourquoi nous devons tenir ensemble les deux bouts de la chaîne : assumer les racines chrétiennes de la France, et même les valoriser, tout en défendant la laïcité enfin parvenue à maturité.* »

C'est un peu bizarre, car après nous avoir bassinés avec les « *racines* », vous majorez la nouveauté. Or, dès le tournant du XIXe et du XXe siècle, les Français avaient des convictions diverses : ils étaient libres-penseurs matérialistes ou spiritualistes, juifs et protestants de diverses tendances, ils se rattachaient au catholicisme de cent manières différentes.

Déjà, alors, la laïcité a été « *une nécessité et une chance* », déjà elle a été « *une condition de la paix civile* ». Qu'aujourd'hui cette diversité se soit accentuée, sans doute. Mais la laïcité n'est pas « *devenue* » récemment « *une condition de la paix civile* ». Elle l'est et doit l'être dans la situation propre au XXIe siècle, ce qui est bien différent. Votre « *enfin parvenue à maturité* » renforce la vision dépréciative de la laïcité, avant que vous ne prétendiez la transformer. D'autre part, le glissement d'« *assumer* » à « *valoriser* » les « *racines chrétiennes* » donne à cette laïcité neuve la tâche paradoxale de se tourner vers un passé clérical. Or, le passé, ce ne sont pas seulement des racines, c'est aussi ce dont nous nous sommes affranchis.

Plus loin, vous affirmez : « *C'est pourquoi j'appelle de mes vœux l'avènement d'une laïcité positive, c'est-à-dire une laïcité qui, tout en veillant à la liberté de penser, à celle de croire et de ne pas croire, ne considère pas que les religions sont un danger, mais plutôt un atout. Il ne s'agit pas de modifier les grands équilibres de la loi de 1905. Les Français ne le souhaitent pas et les religions ne le demandent pas. Il s'agit en revanche de rechercher le dialogue avec les grandes religions de France et d'avoir pour principe de faciliter la vie quotidienne des grands courants spirituels plutôt que de chercher à la leur compliquer.* »

Ce passage arrive après celui où vous célébrez la « *morale religieuse* » au détriment de la « *morale laïque* ». Mais aussi, heureusement, Président ambigu, après un (trop court) éloge de la diversité : « *Toutes les intelligences, toutes les spiritualités qui existent dans notre pays doivent y prendre part [à des réflexions « libres des contingences immédiates »]. Nous serons plus sages si nous conjuguons la richesse de nos différentes traditions.* »

« *Faciliter la vie quotidienne des grands*

*courants spirituels* » est dans la droite ligne de l'article 1 de la loi de 1905 où la République « *assure la liberté de conscience* » et « *garantit le libre exercice du culte* ». On est bien dans l'idée d'une République arbitre, qui mouille sa chemise pour que le jeu se déroule le plus librement possible pour tous les joueurs. Que cette liberté nécessite de réexaminer périodiquement les conditions dans lesquelles elle s'exerce est logique et je ne suis nullement partisan d'une laïcité figée. Le volume *Un siècle de laïcité*, publié par le Conseil d'État, rappelle qu'à différentes reprises le régime d'application du principe de laïcité a été adapté, révisé, réaménagé.

« *Rechercher le dialogue* » est également bénéfique. Mais attention, nous venons de parler du « *dialogue institutionnel régulier avec l'Église catholique* ». Cet aspect « *institutionnel* » fait tiquer.

Voyez-vous, les institutions, sociologiquement, sont liées à des obligations sociales. On ne peut se dérober à l'institution de la justice, si on enfreint la loi. Certaines vaccinations et visites médicales sont obligatoires, il existe donc des institutions sanitaires ; l'instruction l'est également, il existe également des institutions d'enseignement pour ce faire. Mais du point de vue de l'État laïque, les Églises ne sont pas des institutions, elles sont des associations.

John Locke, qui a donné ses fondements philosophiques à la séparation du politique et du religieux, l'indique clairement : le rattachement à une religion doit être volontaire et libre, ce qui est la caractéristique majeure du groupement associatif. L'institution fonctionne au pouvoir, l'association à l'autorité, c'est-à-dire non à l'imposition mais à la persuasion intérieure.

Avec sa revendication de dire « la morale naturelle », avec son droit canon, l'Église catholique se considère comme une institution. Selon l'article 4 de la loi de séparation, qui autonomise « les règles d'organisation générale » de chaque culte, elle a le droit de le faire en interne. Mais la République laïque doit la traiter, elle et les autres religions, comme un groupement de type associatif.

« *Laïcité positive* », je me suis interrogé sur la provenance de ce terme. Connaissant bien maintenant les sources d'Emmanuelle Mignon et de Philippe Verdin, je me suis mis à consulter des documents épiscopaux. J'ai « *travaillé plus* »...

que d'habitude... hourra, j'ai trouvé et j'espère «*gagner plus*» (en droits d'auteur) !

En 1996, le rapport Dagens, adopté par la Conférence épiscopale, déclare : « La séparation de l'Église [au singulier !] et de l'État [...] offre aux catholiques de France d'être des acteurs loyaux de la société civile. Affirmer cela revient à affirmer le caractère positif de la laïcité, telle qu'elle est devenue après plus d'un siècle d'évolutions culturelles et politiques[2]. » L'idée est la même (la laïcité est devenue positive), mais les évêque ont dix bonnes années d'avance sur vous. Rappelez-vous, Président, en 1996, suite à votre erreur balladurienne, vous vous trouviez en pleine traversée du désert.

Je ne souhaite nullement vous faire un procès d'intention. Pour évaluer, et critiquer, ce que pourrait être votre « *laïcité positive* », je vais donc m'appuyer sur un travail sérieux que vous avez insufflé comme ministre de l'Intérieur, la Commission de réflexion juridique sur les relations des cultes avec les pouvoirs publics, dite Commission Machelon, du nom de son président[3].

Il faut d'abord rappeler que la situation actuelle en la matière ne repose pas sur la seule loi de 1905. Le refus catholique de respecter la loi et l'attitude conciliatrice prise alors par la République font que la majorité des associations cultuelles loi de 1905 sont des associations protestantes (environ deux mille). Les catholiques tirent bénéfice des lois de 1907-1908 et de l'accord de 1923-1924. Les musulmans ont, en majorité, choisi la formule prévue par la loi du 2 janvier 1907 d'organiser l'exercice du culte par des associations loi de 1901.

Cette situation, paradoxale (vu la différence quantitative entre religions) et très peu connue, est une des raisons des propositions de « modification » (terme dangereux) présentées, il y a quelques années, par la Fédération protestante de France[4]. Celle-ci estime représenter le groupement religieux qui se conforme le plus à la loi de 1905 (le judaïsme s'en affranchit partiellement par le CRIF)... et en pâtir. À mon sens, le protestantisme (et aussi l'islam) en pâtit surtout pour une autre raison : depuis une dizaine d'années, l'application de la loi de 1905 est devenue parfois tatillonne, voire plus, en tout cas contraire à l'esprit de la loi. Cette application a, par ailleurs, renforcé l'inégalité entre les cultes, car le catholicisme a bénéficié d'un régime spécifique, à la suite, notamment, d'un accord avec le

Saint-Siège à la fin de 2001, sous le gouvernement Jospin (encore lui !).

La composition de la Commission Machelon était fort discutable. Elle ne comprenait pas des auteurs d'ouvrages juridiques sur la laïcité comme Claude Durand-Prinborgne, Jean-Michel Ducomte, président de la Ligue de l'enseignement, ou Jean Boussinesq, membre de l'Union rationaliste. En outre, la sensibilité maçonne n'était pas représentée*. Elle a effectué cependant un travail important et on peut trier dans ses propositions :

– celles qui améliorent l'égalité des cultes sans toucher véritablement à la loi de 1905 ;

– celles qui rendent compte de problèmes réels, mais peuvent en créer d'autres ;

– celles qui, insidieusement, remettent en cause l'équilibre de la laïcité française.

Voyons d'abord les propositions utiles : plu-

* Certes, on peut toujours citer des noms de personnes qui auraient pu faire partie d'une Commission, mais l'important est de constater un déséquilibre dans la composition de la Commission Machelon qui a privilégié les spécialistes (catholiques et protestants) du « droit des cultes », déséquilibre que les auditions ne pouvaient que très partiellement compenser.

sieurs suggestions techniques peuvent être rangées dans cette catégorie. Personne n'en a parlé, précisément parce qu'elles ne soulèvent pas de problème. Elles permettraient de mieux appliquer l'article 1 de la loi garantissant le libre exercice des cultes.

En général, ces propositions concernent moins la loi de 1905 que les abus actuels dans son application. Ainsi, la Commission suggère que les préfets saisissent « le juge administratif de manière systématique dans le cadre du déféré préfectoral » quand les maires refusent de prendre en compte « les demandes d'édification de lieux de culte dans le cadre de l'élaboration de leurs documents d'urbanisme ». Elle estime également que « pour dissuader les communes de faire un usage abusif de leur droit de préemption [...], il pourrait être envisagé de les obliger à contresigner les fonds nécessaires, chaque fois qu'elles exercent une telle prérogative ».

Autre proposition utile, face à une « insécurité juridique » provenant de changements dans la « tutelle administrative », la Commission préconise que « toute association puisse, si elle le souhaite, interroger l'administration sur sa capacité à bénéficier des avantages liés au statut d'association cultuelle ».

De tels projets n'induisent aucun changement de fond mais seulement des compléments techniques ou d'actualisation : ainsi un seuil de 5 000 francs de 1905, prévu à l'article 22 de la loi pour les fonds de réserve, est-il devenu, par suite de toutes les dévaluations... 8 euros ! La réévaluation du plafond relève du simple bon sens.

Par ailleurs, des modifications de la loi de 1901 effectuées actuellement sont automatiquement répercutées sur les associations loi de 1905, alors qu'elles sont parfois fort inappropriées. La Commission propose d'introduire, dans le titre 1er de la loi de 1901, une disposition qui enlève ce caractère d'automaticité.

Quelques autres propositions vont dans le même sens. Ces diverses mesures sont simples et, expliquées, elles peuvent être effectuées de façon quasi consensuelle. Point n'est besoin pour cela, Président hyperactif, de tirer à vue sur la morale de l'instit ou de prétendre que si l'on effectue une opération à cœur ouvert, on va trouver un Dieu transcendant.

À ces suggestions, il est possible d'en ajouter quelques autres. Depuis les années 1930, les mouvements, œuvres... d'origine ou d'inspiration religieuse reçoivent des subventions de l'État et des collectivités publiques. Quand cette pratique s'est vue contestée, en 1947, le ministre de la Jeunesse a alors déclaré : « Si le but d'un mouvement est manifestement et principalement éducatif, peu importe qu'il soit teinté ou bien de politique ou bien de confessionnalisme ; si, dans le domaine éducatif, les services rendus sont évidents, j'estime que ce mouvement a droit à une subvention[5]. » Cette déclaration a mis fin au débat. C'est seulement depuis quelques années que certains ronds-de-cuir mal embouchés suppriment des subventions à des colonies de vacances protestantes (les catholiques, ces courageux, n'y touchent pas). Un peu moins d'arbitraire administratif signifierait, Président, un peu plus de démocratie.

Une autre série de propositions de la Commission Machelon m'apparaissent beaucoup plus problématiques. Pourquoi ? Elles cherchent à résoudre de réels problèmes d'inégalités entre les cultes, dues en général à des modifications de la situation démographique et sociologique depuis un siècle. Mais, ce faisant, elles risquent de créer de nouveaux problèmes. Ces propositions entraînent des compléments ou des modifications de la loi de 1905, elles concernent essentiellement deux domaines : l'objet des associations cultuelles et la construction de nouveaux édifices du culte.

Les associations loi de 1905 doivent avoir « exclusivement pour objet l'exercice d'un culte » (article 19). Cela interdit des versements de fonds à des associations de bienfaisance ou autres qui font pourtant partie (affirme notamment la FPF) de l'activité religieuse des paroisses. Au Latran, vous avez, Président en moitié informé, fustigé la République qui, dites-vous, « *refuse de reconnaître un caractère cultuel à l'action caritative ou aux moyens de communication des Églises* ».

En fait, il s'agit plutôt d'un problème d'égalité des cultes, car ce qui présente « toutes les formes d'un accord international » avec le Saint-Siège, pris sous le gouvernement Jospin fin 2001[6], permet à l'Église catholique d'échapper en partie à cette disposition.

Oui, je vois que vous tentez de vous cacher, monsieur Hollande, mais l'impartialité m'oblige à dévoiler le jeu peu reluisant qui a été celui des socialistes. La main sur le cœur, ils ont affirmé : On ne touche pas un iota de la loi de 1905. Et, en douce, ils l'ont assouplie au profit du seul catholicisme, discriminant ainsi les minorités. Et maintenant, vous avez le culot, François Hollande, de demander à Sarkozy de « clore définitivement le débat sur la loi de 1905 » ! Peut-on être plus hypocrite ? Mais de toute façon, que savez-vous (du verbe « savoir », je ne parle pas de l'opinion) de la laïcité ?

Chaque fois que j'ai participé à une réflexion du Parti socialiste sur ce sujet, vous étiez absent, premier secrétaire en sursis, ce qui ne vous a nullement empêché d'arriver ensuite, tout fiérot, pour nous livrer, sans nous avoir écoutés, les conclusions de notre travail. Elles étaient roublardes ; elles savaient caresser le militant dans le sens du poil. Mais elles répétaient de vieilles lunes et ne faisaient en rien avancer le schmilblick. Et pour avoir été partie prenante, depuis plus de dix ans, de plusieurs Journées d'études à Paris ou à Bruxelles, d'auditions diverses du Parti socialiste, j'ai la désagréable impression (et je ne suis pas le seul) d'avoir un tantinet perdu mon temps. Vous aurez compris que je n'aime pas cela !

La Commission Machelon a beaucoup travaillé. On doit lui reconnaître cela. Elle s'est montrée sensible à un risque important, non perçu par la Fédération protestante, celui de voir se mêler activités religieuses et activités commerciales. Elle propose alors une solution technique prudente : introduire « la théorie jurisprudentielle de l'accessoire ». À priori, cela peut paraître satisfaisant... sauf que, entraînés par leur élan, la majorité de ses membres envisagent aussi « la création d'une forme particulière de reconnaissance d'utilité publique pour les activités religieuses ». Cette autre proposition me semble, Président, singulièrement dangereuse et je vais y revenir.

Une solution simple serait de relire les débats sur le règlement administratif de la loi de 1905. Il avait été alors entendu que le « exclusivement cultuel » serait interprété dans un sens large. On peut donc inclure les activités qui sont manifestement subordonnées au culte, comme les feuilles de chou paroissiales, sans pour autant changer la loi et créer ainsi de redoutables problèmes. Ces problèmes, les Églises ne les imaginent pas forcément, Président d'intérêt général, car, comme tout un chacun, elles voient midi à leur porte. Mais vous, vous devez prendre les questions dans leur généralité.

La Commission Machelon attire aussi l'attention sur un autre problème, déjà évoqué : la loi de 1905 met gratuitement à la disposition des anciens « cultes reconnus » les édifices du culte propriété publique, permet leurs réparations sur fonds publics, tout en énonçant le principe de non-subvention des cultes.

Dès les débats parlementaires de 1905, certains députés ont insisté sur cet aspect paradoxal. Un amendement a été déposé, réclamant un loyer de la part des Églises. Il a été rejeté par 475 voix contre 98 (majorité impressionnante, non ?). Briand et ceux qui l'ont suivi ont estimé que ce genre de subventions indirectes ne mettait pas en cause l'article 2, car (comme les aumôneries) son but consistait à favoriser la liberté de culte, sans réintroduire un statut officiel de la religion. Dont acte. Cependant, les mutations socioreligieuses depuis un siècle ont rendu cette partie de la loi profondément inégalitaire. Il est donc légitime de se poser de nouvelles questions.

La Commission propose alors d'autoriser une aide directe des collectivités publiques, sans plafond particulier, au financement des édifices du culte et je crains que cela soit aussi parfois un peu votre idée, Président. Je ne suis pas d'accord, car nous passerions de l'indirect au direct et que cela ne serait pas sans conséquence sur le risque d'officialisation feutrée de la religion.

Je fais donc mien ce qu'écrit la Ligue de l'enseignement : « Le renvoi vers les collectivités territoriales de la responsabilité de gérer les adaptations de la loi de 1905 constitue un facteur de renforcement des inégalités et crée le risque d'émergence d'une laïcité à la carte gérée en fonction des opportunités politiques locales et des sympathies religieuses[7]. » Pour la Ligue, « des solutions existent, évoquées par la Commission [elle-même], comme le recours à des baux emphytéotiques administratifs [...] ou la garantie d'emprunts ». Ces solutions peuvent être « améliorées, mieux encadrées, mieux assurées juridiquement ».

Bel exemple de laïcité en mouvement, dans la fidélité à ses fondements. Depuis cette prise de position, il est devenu plus urgent encore de mieux assurer juridiquement les baux emphytéotiques, c'est-à-dire la possibilité de louer terrains ou bâtiments pour une longue durée (jusqu'à quatre-vingt-dix-neuf ans) à un prix symbolique. En effet, alors que l'Église catholique (nous l'avons vu) a largement bénéficié, depuis 1905, de cette solution pragmatique, des tribunaux administratifs ont refusé, en 2007, de l'appliquer à la construction de mosquées.

Qui avait porté plainte ? Certes pas un mouvement laïque, mais le MNR, le parti d'extrême droite de Bruno Mégret. Il s'agit là d'islamophobie, non de défense de la laïcité. Il faut donc ajouter de tels baux à la liste de ce qui n'est pas considéré comme une subvention, si on veut éviter une pratique discriminatoire *.

Là encore, l'enjeu consiste à veiller au libre exercice des cultes sans aller vers une « reconnaissance » feutrée de cultes. Malheureusement la Commission ne respecte pas cette frontière. Elle est conduite par sa logique propre à mettre en cause l'article 2 de la loi de séparation. Il ne faut surtout pas la suivre sur ce terrain, Président, car là, vous vous aventureriez à « *modifier les grands équilibres de la loi de 1905* » ce que, même intronisé chanoine, vous avez promis de ne pas faire.

* J'ai effectué (*Le Monde*, 18 juillet 2007) une proposition simple à mettre en œuvre, à ce sujet. La loi affirme : « Ne sont pas considérées comme des subventions les sommes allouées pour les édifices affectés au culte » ; il suffit d'ajouter : « De même ne sont pas considérés comme des subventions les baux emphytéotiques conclus pour un coût symbolique pour la construction d'édifices affectés au culte. »

Nous en arrivons, en effet, aux propositions dangereuses de la Commission Machelon. L'article 2 de la loi indique : « La République ne reconnaît, ne salarie ni ne subventionne aucun culte », hors « les dépenses relatives à des services d'aumônerie et destinées à assurer le libre exercice des cultes dans les établissements publics, tels que lycées, collèges, écoles, hospices, asiles et prisons ». La liste a été étendue ensuite à l'armée. Cet article 2 est très intéressant, Président, et je vous propose de l'apprendre par cœur, car plus vous l'étudierez, plus il vous révélera sa sagesse.

Le principe de non-reconnaissance posé par la loi de 1905 ne signifie pas de méconnaître les religions ou ne n'avoir aucun rapport avec elles, il consiste à refuser tout caractère officiel des religions, à ne pas adopter le système de reconnaissance de certaines religions, qui est notamment celui de pays européens possédant un Concordat avec le Saint-Siège, et qui distinguent des « cultes reconnus » et d'autres qui ne le sont pas. Cet article est autant au fondement de la loi que l'article 1 assurant et garantissant la liberté.

Mais qu'arrive-t-il s'il se produit, dans la pratique, une contradiction entre la nécessité pour la République de « garantir » (verbe fort, impliquant l'action) le libre exercice des cultes et l'article 2 interdisant le non-financement ? Ainsi, dans les lieux clos comme l'hôpital ou la prison, où il faut assurer à domicile, en quelque sorte, le libre exercice du culte ?

La réponse n'a pas été évidente. Le gouvernement voulait maintenir un principe absolu de non-salariat. Dans le débat parlementaire, Briand, d'habitude beau parleur, l'a laissé monter au créneau tout seul. C'était inhabituel et certains ont compris son silence comme l'approbation tacite d'un amendement permettant de salarier les aumôniers. Cet amendement fut adoptée ric-rac : 287 voix contre 281 (on était au début, la Chambre allait être de plus en plus libérale), mais adopté. Et cela fut décisif, notamment pour admettre, ensuite, la gratuité de la mise à disposition des édifices cultuels.

Il serait bon, d'ailleurs, d'étendre (comme cela se fait en Belgique) les services d'aumônerie à des « conseillers humanistes ». Ainsi malades, prisonniers..., qui veulent bénéficier d'un vis-à-vis, pour réfléchir au sens de la vie en dehors de traditions religieuses, seraient égaux aux membres des religions.

Ainsi la liberté n'est pas seulement formelle.

Dans la logique de l'aumônerie, et par analogie, des émissions de radio et de télévision sont accordées, le dimanche matin, aux religions qui ont un nombre consistant d'adeptes. Les convictions non religieuses n'ont droit qu'à la radio. C'est discriminatoire et l'accès de ces convictions à la télévision devrait être assuré. On compte sur vous, Président.

Quoi qu'il en soit, la signification du paiement des aumôniers, de la gratuité des édifices, puis des émissions dans le service public de radiotélévision est claire : en cas de conflit, la liberté doit l'emporter sur le principe du non-financement. Mais celui-ci doit veiller à ne pas réintroduire de l'officialité.

Or la Commission Machelon, à l'inverse, prend le problème du subventionnement indirect comme levier pour affirmer que cet article 2 ne possède nulle valeur constitutionnelle et, en particulier, que la « non-reconnaissance » ne constitue pas « une règle constitutionnelle[8] ». Nous l'avons vu, la majorité de la Commission est favorable, à terme, à certaines formes de « reconnaissance ».

Ce régime de « cultes reconnus » subsiste en Alsace-Moselle où les ministres catholiques, juifs, protestants de ces cultes sont payés par l'État et nommés par lui, où les écoles primaires ne sont pas laïques mais confessionnelles et, maintenant, interconfessionnelles, où il existe des cours confessionnels de religion dans les collèges et les lycées*, et où le Concordat de 1801-1802 existe toujours.

Il semble que certains membres de la Commission rêvent de tirer la séparation française vers le statut spécifique de l'Alsace-Moselle. L'un d'entre eux, Jean-Marie Woehrling, se demande si l'opposition entre « séparation » et « reconnaissance » est pertinente. Il verrait volontiers, pour sa part, un soutien financier accordé aux religions « qui renforcent les valeurs morales communes » (pour ma part, je préfère d'ailleurs parler de « valeurs partagées** »). Il conclut : « la technique [*sic*] de la

* Ce cours a été étendu, en 1958, aux établissements techniques par un arrêt du Conseil d'État qui rappela son but (énoncé en 1887, par l'Allemagne) : « Développer la religion, la moralité et le respect des pouvoirs établis et des lois. » Certains professeurs expérimentent un « enseignement religieux et culturel » qui déconfessionnalise, au moins partiellement. Mais des cours traditionnels subsistent. Cf. J.-P. Willaime, *Europe et religions, les enjeux du XXI^e siècle*, Paris, Fayard, 2004, p. 186-200.

** Pourquoi « valeurs partagées » ? Parce qu'il doit

reconnaissance », c'est-à-dire globalement la situation qui prévaut en Alsace-Moselle, « loin d'être un legs du passé, pourrait bien être un outil d'avenir pour la régulation publique des convictions[9] ».

Cette prise de position en faveur d'une réofficialisation de certaines religions est claire. Sa justification n'est pas exempte de naïveté. Parmi les « valeurs morales communes » actuelles de notre démocratie figure au premier chef l'égalité entre les femmes et les hommes. Le refus de la prêtrise (et même du diaconat) aux femmes va à l'encontre du « renforcement » de cette valeur dite « commune ». D'autres dissensus* entre les « valeurs morales communes » et ce que l'Église catholique appelle la « morale naturelle » existent et se renforcent depuis quelques décennies,

---

exister un débat interprétatif sur ce que signifient ces valeurs, ce qu'elles impliquent dans les contraintes d'un temps et d'un lieu, dans une optique laïque. C'est la perspective de la religion civile qui tente de dérober à tout débat les fondements du lien social. En revanche, il faut des « règles communes » : le code de la route ne peut être livré à des différences interprétatives.

* Je l'ai expliqué (chapitres IV et V), ces dissensus font partie d'un régime de séparation. Mais ils ne sont plus légitimes dans le régime que propose Woehrling.

comme le constate la sociologue Danièle Hervieu-Léger[10].

Or Jean-Marie Woehrling ne milite nullement pour que l'Église catholique ne soit plus un culte reconnu dans les trois départements de l'Est. Cet homme est sans doute très distrait. Ou alors, à l'insu de son plein gré, il pense en fait qu'il existe des religions qui, par essence, renforcent ces « valeurs morales communes », sans que l'on y regarde plus avant. D'autres, en revanche, doivent subir un examen de passage. On est implicitement tout à fait dans la perspective de la religion civile.

Maintenant que vous êtes au parfum, Président, et que je vous ai bien expliqué la divergence entre laïcité et religion civile, vous n'allez quand même pas nous faire ce coup-là ?

C'est pourquoi il urge de rectifier le tir. Et comme la laïcité ne peut attendre 2012 pour répondre aux défis actuels, que nous soyons de gauche, du centre ou de droite, nous, les laïques, comptons sur vous.

# *Conclusion*

Je connais la règle d'or des ministères : les notes ne doivent pas faire plus de trois pages. Mais vous êtes tellement féru de laïcité, Président, que je suis sûr que vous m'avez lu très attentivement, même si ma lettre déborde un peu. Permettez, cependant, que je pense à vos *desperate* conseillers et que je résume outrageusement mon propos en dix commandements que doit se réciter, chaque matin, un président de la République laïque, disons... en se lavant les dents.

Premier commandement : Le port du titre de « chanoine d'honneur du Latran » par le président de la République française laïque est autorisé s'il reste discret. Tout port ostensible de ce titre est prohibé, comme voulant en revenir aux deux corps du monarque médiéval.

Deuxième commandement : Le président de

la République, quand il parle et agit comme tel, doit savoir prendre de la distance avec ses propres convictions et affects pour pouvoir être le président de toutes les Françaises, de tous les Français, dont il assure la liberté de conscience.

Troisième commandement : La « morale laïque » est formée par des valeurs partagées, au fondement du lien social démocratique et républicain. La laïcité sépare cette morale des morales convictionnelles, religieuses ou non. Une telle séparation permet la liberté de conscience morale sans réduire le lien social à la défense d'intérêts nationaux.

Quatrième commandement : Les sociétés laïques, et démocratiques, doivent donc élaborer des règles leur permettant de s'organiser de façon juste, à distance des différentes conceptions du « bien », tout en respectant ces diverses conceptions de manière équitable. Seules les sociétés totalitaires ont tenté de faire croire qu'une morale commune devait répondre à toutes les aspirations des humains.

Cinquième commandement : En conséquence, aucune Église, aucune religion, aucun groupe ne doit imposer ses normes de vie à l'État et à la société. Mais cette dernière ne vit pas dans un vide de valeurs car le pluralisme n'est pas le relativisme. Le caractère pluriculturel de nos sociétés comporte deux conséquences. Les changements internes aux religions doivent être l'œuvre des membres de ces religions. La meilleure aide que peut leur donner la société globale est un respect scrupuleux de ses propres valeurs. Les orientations culturelles dominantes doivent pouvoir être raisonnablement accommodées.

Sixième commandement : La laïcité doit veiller à ne pas se transformer en religion civile qui tente de faire appel à une clôture transcendante du lien social. Deux versions de cette religion civile sont à éviter : la version dite républicaine, où la transcendance n'est rien de plus que la République elle-même ; la version américaine, où cette transcendance surplombe les normes que la République prétend incarner. L'espérance que doivent promouvoir les responsables politiques doit concerner la sphère de leurs activités, et non un domaine existentiel ou métaphysique.

Septième commandement : Le président de la République ne doit surtout pas idéaliser la façon dont la société de chrétienté a lié un pouvoir temporel et un pouvoir spirituel. Il doit, au contraire, opérer une double mise en cause : la première vise la manière dont le spirituel a voulu exercer un pouvoir, une domination sur la société ; la seconde la manière dont le pouvoir temporel a voulu se subordonner le spirituel et l'instrumentaliser.

Huitième commandement : Avant de disserter sur la loi de 1905, il faut bien la connaître. Grâce à elle s'est opérée une séparation du pouvoir temporel et des autorités spirituelles qui a permis de dépasser les antagonismes du cléricalisme et de l'anticléricalisme. Elle a constitué, dès le départ, « un texte de liberté et de neutralité » arbitrale, manifestant une laïcité « de sang-froid » face au catholicisme intransigeant.

Neuvième commandement : La laïcité de 1905 a accompli le projet de la Révolution française sans renier le passé de la France, comme cette dernière a tenté de le faire. Ce passé doit être « assumé ». Il n'a pas à être « valorisé » d'une façon qui privilégierait le regard en arrière vers des « racines » alors que l'avenir est à construire.

Dixième commandement : La laïcité est mouvement. Chaque fois que nécessaire, elle s'actualise dans la fidélité à ses principes fondateurs : respect de la liberté de conscience et de sa pratique individuelle et collective ; autonomie du politique et de la société civile à l'égard des normes religieuses et philosophiques particulières ; non-discrimination directe ou indirecte envers des êtres humains.

## *Lettre aux croyants sincèrement partisans de la laïcité, mais tentés par les sirènes sarkozystes*

Les récents discours de Nicolas Sarkozy ont, aux oreilles de beaucoup de croyants, l'agréable douceur du chant des sirènes. Enfin un président de la République qui prône une « *laïcité positive* », rend hommage à l'action civilisatrice des religions, ne les confond pas avec les « *intégrismes* » !

Un ami cher me demande si ma critique ne prend pas trop « son discours et son attitude au premier degré ». Au-delà « du folklore (le rôle de chanoine), de la mythologie (Clovis) et de la provocation (les souffrances des catholiques, la laïcité positive) », il estime qu'il s'agit d'un « vrai coup de sonde sur une bonne question : est-ce que la configuration de 1905 est éternelle ? Est-ce que l'on peut envisager de meilleurs rapports entre un État laïque et les grands groupes religieux, comme communautés (très affaiblies par ailleurs) ? Est-ce que la République et la laïcité (sécularisées) peuvent, seules, tout faire dans une société très plurielle ? »

Et cet ami poursuit : « Je suis frappé du regain de polémique presque insultante, de la part de certains laïques membres du clan intellectuel contre le religieux en général, et le catholique ou le musulman en particulier. J'ai l'impression pénible que le seul réflexe est qu'il faut tenir la tête du religieux sous l'eau... Je ne m'étonne pas, en fin de compte, même si c'est également ressenti comme "insultant" par les militants laïques, qu'on doive ajouter un adjectif (positif, ouvert) au mot "laïcité" pour le rendre sympathique. »

Je constate par ailleurs, au sein du protestantisme français, dont des membres éminents ont été parmi les artisans de la création de l'école laïque et de la loi de séparation, une certaine sensibilité, même parmi les protestants de gauche, à la petite musique sarkozyenne. Il faut dire que, dans la quasi-indifférence générale, certains groupements protestants se trouvent en butte, depuis plusieurs années, à des atteintes administratives voire politiques à leur liberté. On a même vu un maire, sous un prétexte indigne – vérifier les règles de sécurité (comme si, dans les cent soixante-douze heures de la semaine, seule l'heure du culte convenait !) –, se permettre d'interrompre un culte à Montreuil, ce qui n'était pas arrivé depuis 1943 et la Gestapo. Et le PS s'est précipité pour faire alliance avec ce maire lors des municipales de 2008, contre une candidate beaucoup plus honorable. Lamentable ! Et que dire des musulmans qui subissent de plus graves atteintes encore ?

Il faut savoir résister, pourtant, au néocléricalisme de la « *laïcité positive* ». Et aussi être capable de balayer devant sa porte. Car ces tentations néocléricales n'ont pas attendu Sarkozy pour exister.

« *Laïcité positive* », cette expression est habile : qui serait pour une laïcité négative ? Mais attention à ne pas confondre liberté et officialité. La configuration de 1905 n'est certes pas « éternelle » et aucune loi ne doit être sacralisée. Mais il est nécessaire de se demander si on a trouvé mieux depuis. Non pas mieux pour le seul intérêt des croyants, mais mieux pour l'intérêt, la liberté de conscience de tous ? A-t-on trouvé un meilleur équilibre entre les droits de ceux qui croient au ciel et les droits de ceux qui n'y croient pas ? D'autres principes où tous seraient gagnants ?

Pour ma part, j'écoute, je lis les multiples propositions qui sont faites. Celles qui actualisent certains points de la loi peuvent être bonnes à prendre. Celles qui, sous prétexte de toilettage, jettent l'enfant avec l'eau du bain me semblent régressives et, subrepticement, porter atteinte à un droit égal de croire ou de ne pas croire. « L'honneur d'une religion est qu'on puisse ne pas la pratiquer », proclamait le pasteur Edmond de Pressensé en 1875, face aux atteintes que subissaient les libres-penseurs. Plus encore que l'honneur, l'authenticité d'une religion nécessite que personne ne puisse se sentir en quoi que ce soit infériorisé dans ses droits et sa citoyenneté, sous prétexte qu'il n'y adhérerait pas.

Oui, tant que l'on n'a pas trouvé mieux pour le bien de tous, il faut tenir ensemble les deux premiers articles de la loi de 1905, l'article 1 où la République « assure » et « garantit » la liberté de conscience et de culte ; l'article 2 où il est mis fin au régime des « cultes reconnus », c'est-à-dire autant que faire se peut aux distinctions entre des religions qui seraient peu ou prou officielles et les autres*. Il ne s'agit donc pas de demander

* Naturellement, je connais les analyses d'historiens, de sociologues, de juristes montrant que la laïcité française

de « modifier » la loi, mais de veiller au respect scrupuleux des garanties que la République française exige d'elle-même par cette loi. Cela peut conduire à des mises à jour, car nous sommes en 2008 et plus en 1905. Mais elles doivent tendre à un maximum de liberté égale, dans le respect de l'ordre public démocratique, pas à autre chose.

À quand des croyants se battant pour qu'existent des conseillers humanistes, à côté des aumôniers dans les hôpitaux, les prisons, à l'armée afin que celles et ceux qui veulent réfléchir au sens de la vie en dehors de traditions religieuses puissent disposer d'un vis-à-vis s'ils le désirent ? Cela aurait du style.

Tous les accrocs faits à la liberté doivent être dénoncés et les forces associatives, les partis politiques vigoureusement interpellés pour que soit mis fin à leur silence face à toute atteinte aux

---

emprunte parfois des éléments de reconnaissance des cultes (cf., par exemple, P. Cabanel, *Entre religions et laïcité, la voie française XIX^e^-XX^e^ siècle*, Toulouse, Privat, 2007, p. 199-218). Mais de même que ce n'est pas parce que l'objectivité n'est jamais absolue que l'universitaire ne doit pas tenter d'être le plus possible objectif ; de même, ce n'est pas parce que la non-reconnaissance des cultes n'est jamais absolue qu'on ne doit pas chercher à y tendre.

libertés. Mais cela implique aussi de savoir critiquer la tentation cléricale qui existe dans son propre camp. Il est possible de résumer ainsi cette tentation : croire que le manque de dynamisme dont on fait preuve, l'aspect peu audible de ce que l'on dit, peuvent être compensés par un appel au secours adressé au papa État pour qu'il vous reconnaisse, vous donne un statut. On ne doit pas répondre aux défis de la sécularisation par moins de laïcité ; on doit les affronter par plus de vitalité.

Sécularisation et laïcité constituent deux aspects différents de la société contemporaine et il ne faut pas les confondre. La laïcisation, la laïcité concerne la dissociation entre le politique et le religieux, la neutralité-arbitre de l'État, des normes juridiques, des règles institutionnelles. La sécularisation, elle, correspond à une perte de pertinence culturelle et sociale de la religion. Perte, notamment, dans la mentalité et les références spontanées, l'orientation des conduites, la pratique. Elle ne signifie pas la disparition de la religion pour autant, mais celle-ci s'individualise et chacun sélectionne, consciemment ou non, dans les symboles et les pratiques de sa religion, de diverses religions, d'autres traditions ou systèmes de sens non religieux, les éléments qui lui paraissent signifiants pour conduire sa vie[1].

En fait l'individualisation de la religion est issue du double mouvement de laïcisation et de sécularisation. Mais il n'a nul besoin d'un régime de laïcité à la française pour exister. L'Angleterre, l'Écosse, le Danemark possèdent des religions établies ou nationales. Ce sont pourtant des nations au moins autant sécularisées que la France, et où l'individualisation de la religion existe tout autant.

La religion livrée à l'individu, cela trouble, déstabilise tous les cléricalismes. Et tel qui se veut laïque peut avoir un petit clerc qui sommeille au fond de lui. Dès que l'on dit cela, la réponse immédiate est que certains athées se comportent en cléricaux. C'est exact, mais il faut arrêter de se renvoyer ainsi la balle, de justifier par les turpitudes (réelles ou supposées) de l'autre ses propres manquements.

Comme sociologue, j'écoute tous les discours et je suis frappé d'un fait : chacun aujourd'hui est persuadé d'être une victime. Les propos de mon ami insistent sur une sorte de haine antireligieuse imprégnant un certain climat intellectuel, médiatique. Je sais que beaucoup de croyants pensent cela. Par ailleurs, je rencontre des athées, des agnostiques qui estiment qu'« il n'y en a que pour les religions », qui s'estiment eux aussi ignorés dans leur valeur profonde, méprisés. Et les discours du Président renforcent ces sentiments.

Et si la loi de 1905, avec ses articles 1 et 2, réalisait un équilibre des frustrations, permettant le vivre ensemble ?

On ne peut alors se réclamer pleinement de l'article 1 qu'en se gardant de toute tentation d'accroc à l'article 2. Cela oblige, notamment, les catholiques, les protestants et les juifs à se poser la question de l'Alsace-Moselle où perdure le régime des cultes reconnus. Dans ce débat chacun explicitera sa position et, pour ma part, je ne crains pas la contradiction. Cela peut faire avancer les choses.

Plutôt qu'un régime désuet et, pour l'essentiel, figé, de nouvelles formes de laïcité devraient se trouver expérimentées dans les trois départements de l'Est. Ainsi un cours de culture religieuse, une approche du « fait religieux », pour reprendre l'expression de Régis Debray, pourrait se substituer à l'anachronique cours confessionnel de religion*. Les catholiques doivent aussi se

* Certains professeurs tentent déjà plus ou moins cela

poser la question du maintien d'un État pontifical, le Vatican. Reste symbolique sans importance ? Non, refus de vraiment séparer politique et religion ; volonté d'avoir une influence internationale autre que religieuse. Et, dans des instances internationales, le Vatican s'allie à certains États musulmans, au détriment des femmes.

On ne peut se plaindre du silence sur les atteintes à des libertés en gardant le silence sur les restes d'officialité.

L'hommage à l'action civilisatrice des religions s'est effectué, au Latran, par un discours privilégiant les « *racines* » et une lecture confessionnelle de l'histoire. Face aux archaïsmes d'une certaine gauche, le Président a fort bien compris le désenchantement contemporain confronté au progrès, les incertitudes qui rendent difficile la projection dans l'avenir. Mais, avec le baptême de Clovis (perçu comme baptême de la France) et ce qui est dit de l'histoire, les chrétiens doivent s'apercevoir que c'est la société de chrétienté et non « la folie de la

---

(cf. note * p. 213). Tant mieux. Mais alors pourquoi tenir autant à ce cadre institutionnel confessionnel, sinon par cléricalisme inavoué ?

croix » (dont parle Paul, l'apôtre) qui se trouve attestée. Il ne peut d'ailleurs en être autrement, car cette « folie » n'est pas affaire d'État, elle ne peut être que question posée à la liberté de l'individu.

Attention alors que les difficultés présentes ne conduisent pas à privilégier le regard en arrière. Le christianisme est-il d'abord, pour les chrétiens, un « *héritage* » ou une « bonne nouvelle » ? Or un « *héritage* » comporte de l'actif et du passif. Et plus spécialement à mes coreligionnaires protestants, j'indiquerai que le protestantisme français, parce qu'il est une confession chrétienne qui a souffert de la société de chrétienté, peut construire un discours narratif (dans le sens de Ricœur) à distance de la légende dorée et de la légende noire. Il n'a pas à se laisser entraîner dans un conflit de mémoires légendaires.

Et vous tous qui êtes partisans d'une « laïcité ouverte », à quoi voulez-vous ouvrir la laïcité ? À l'inventivité, au dynamisme, à l'affrontement des passionnants défis du XXI$^{e}$ siècle, dont celui – majeur ! – de la conciliation entre laïcité et sociétés pluriculturelles ? Fort bien.

Mais quand un président de la République veut privilégier une ou plusieurs religions (peu importe), quand il affirme, comme Sarkozy l'a fait au Latran : « *Partout où vous agirez, dans les banlieues, dans les institutions, auprès des jeunes, dans le dialogue interreligieux, dans les universités, je vous soutiendrai* », il faut savoir résister au chant des sirènes.

Mais s'il s'agit de penser que la laïcité doit être essentiellement ouverte aux religions, qu'elle se confond avec la seule liberté religieuse et que les seuls empêcheurs de laïciser en rond seraient les « laïcards », comme je l'entends dire parfois dans vos rangs, alors non. Sereinement mais résolument non.

# *Lettre aux partisans de la laïcité sans épithète*

La laïcité avait été peu présente dans la campagne présidentielle. En prenant des positions tranchées au Latran et à Riyad, Nicolas Sarkozy oblige les militants de la laïcité à réagir. Mais il faut éviter les pièges qui sont tendus. Le premier piège consisterait à répondre à un discours qui amalgame liberté et officialité par un discours inverse qui risquerait alors de ne pas totalement respecter la liberté. Le second piège à éviter serait de contrer un discours conservateur et clérical mais (par certains côtés) moderne par un discours qui se voudrait progressiste et laïque mais qui serait sans idées, archaïque.

Et c'est là qu'on ne saurait se contenter de formules rituelles. Certains rappels sont nécessaires, en rester là se révèle vite totalement insuffisant. Car il est paradoxal de constater que certains militants laïques se gargarisent, qu'il pleuve ou qu'il vente, de formules toutes faites, répétitives, usées jusqu'à la corde et qui coupent court à une indispensable réflexion.

Un exemple : l'interdiction d'accoler le moindre adjectif au terme de « laïcité » sans être accusé de vouloir dénigrer celle-ci. Quand Gambetta parlait de « République ouverte », trahissait-il la République ? Non, il s'en prenait, indirectement, à ceux qui la défendaient avec « fermeture ». Derrière votre affirmation que tout adjectif dénature la laïcité se cache la peur d'être, vous, mis en question. Pour ma part, je ne suis nullement un partisan de la « laïcité ouverte[1] », mais je pense parfois que si certains en parlent, c'est peut-être que vous le valez bien ! Et si c'était vous qui étiez fermés, pas la laïcité ? Sauf que vous tenteriez de l'entraîner dans votre fermeture.

Considérons alors que le Président lance un défi aux militants laïques, que ceux-ci doivent relever avec fermeté et sérénité : sommes-nous capables d'inventer une laïcité de notre siècle ? Notre pays a profondément changé et la laïcité ne saurait rester immobile sans renier sa période fondatrice, faite d'inventivité, de créativité.

Le discours conservateur et clérical de Nicolas

Sarkozy s'appuie implicitement sur un constat simple : nous sommes au XXIe siècle et non… au XVIIIe. Le désenchantement à l'égard du marxisme, des espoirs révolutionnaires et, de façon générale, de l'action politique et des idéologies résolument tournées vers un avenir à construire induit des formes de pensée passéistes, privilégiant des discours sur « la mémoire », « *les racines* ».

Sarkozy nous ramène à un passé lointain (le baptême de Clovis), cherchant (telle la petite madeleine de Proust) à faire revivre d'attendrissants souvenirs d'enfance (la France des patronages, des curés en soutane). La présence à ses côtés de Gallo et de Guaino montre que ceux qui se veulent d'intransigeants républicains peuvent s'y laisser prendre. Et ce n'est peut-être pas par hasard.

Car même parmi ceux qui sont résolument hostiles, certains répondent au discours sur les « *racines essentiellement chrétiennes* » en invoquant, de façon aussi passéiste et nostalgique, d'autres racines essentielles, les Lumières. Et là, Sarkozy les attend au tournant. Et il flingue.

« *Depuis le siècle des Lumières, l'Europe a expérimenté beaucoup d'idéologies. Elle a mis successivement ses espoirs dans l'émancipation des individus, dans la démocratie, dans le progrès technique, dans l'amélioration des conditions économiques et sociales, dans la morale laïque. Elle s'est fourvoyée gravement dans le communisme et dans le nazisme. Aucune de ces différentes perspectives – que je ne mets évidemment pas sur le même plan – n'a été en mesure de combler le besoin profond des hommes et des femmes de trouver un sens à l'existence.* » Tel est le propos du Président. Et il est socialement crédible.

Pour ma part, je n'ai lu aucune critique argumentée de ce passage. Dénoncer la supériorité de la morale du curé sur celle de l'instit est, bien sûr, plus facile. Mais l'un des principaux enjeux de la laïcité d'aujourd'hui se trouve pourtant dans ces quelques lignes.

L'époque des Lumières fut celle de la découverte que la science (jusqu'alors de l'ordre de la spéculation, voire de l'amusement) pouvait permettre de maîtriser la nature et, ainsi, d'améliorer la condition humaine. Certes, cela avait de quoi éblouir. Il s'ensuivit une sécularisation de la notion de bonheur : désormais, celui-ci ne serait plus recherché d'abord dans l'au-delà, mais de façon prioritaire sur terre : « la vie, la liberté, la recherche du bonheur » sont considérées comme des « droits inaliénables » par la Déclaration d'indépendance américaine (1776). La Constitution française de l'an I de la République (1793) affirme de son côté : « Le but de la société est le bonheur commun. »

La laïcité française s'est établie en référence au projet des Lumières, nous arrivons peut-être à un moment historique où ce dernier a donné ce qu'il pouvait donner. Il faut le souligner, il a connu d'incontestables réussites, même si la différence entre projet et réalité serait à examiner longuement. L'utopie ne se réalise jamais telle quelle, elle a cependant des effets historiques. Mais peut-être assistons-nous actuellement à l'épuisement du projet des Lumières comme poursuite d'un bonheur à venir, sur terre, obtenu par la congruence avec les lois de la « Nature », toujours mieux connues grâce au développement de la raison et à l'éducation qui en répand les bienfaits.

Prenons l'exemple de la médecine. Le médecin des Lumières ne savait guère guérir, pas plus que les empiriques et les charlatans en tout cas[2]. Mais à la différence des docteurs Diafoirus raillés par Molière, il n'en prenait pas son parti. Il voulait que l'on se préoccupe moins de connaissances théologiques sur le salut des âmes et davantage de connaissances anatomiques sur le corps humain. Il souhaitait que l'on se soucie moins de la mort comme passage vers l'au-delà à réussir (grâce aux derniers sacrements distribués par l'Église catholique puis aux messes pour les morts) et plus de la mort comme fin de la vie qu'il fallait retarder.

Ce projet s'est trouvé progressivement mis en application et a entraîné la structuration et le développement de l'institution médicale. Cabanis, médecin philosophe, indiquait que, désormais, « ce n'était plus la religion, mais la médecine qui fait espérer et craindre ». Effectivement, l'augmentation de l'espérance de vie comme représentation sociale normative a remplacé l'espérance de l'au-delà. Les contraintes médicales se sont substituées aux contraintes religieuses. La messe est devenue socialement facultative, vaccinations et certificats médicaux ont été rendus obligatoires. On a cru en avoir fini avec des croyances dites illusoires et s'affronter enfin au réel ; sauf que non seulement les placebos guérissent parfois, mais les placebos à double aveugle – c'est-à-dire quand le médecin lui-même croit* qu'il administre un véritable traitement médical – sont les plus efficaces !

À travers l'exemple de la médecine, considérée positivement dans toutes les sociétés modernes et, nous dit Claude Nicolet, perçue dans « l'idéologie républicaine française[3] » comme la science morale par excellence, c'est tout un rapport de croyance dans le progrès infini qui s'est instauré. Le progrès technique et scientifique était au service du progrès social et moral, pour l'augmentation du bien-être et du bien vivre. Même rétive, l'Église catholique bénissait les premières lignes de chemin de fer. Les cahiers d'élèves de l'école laïque avant 1914 parlent sans cesse des « bienfaits du progrès ».

Effectivement le bien-être progressait, même si, à la fin du XIXe siècle, la structuration du syndicalisme et la contestation socialiste montrent que certains s'estimaient profondément défavorisés dans la répartition des « fruits du progrès ».

---

* Il est nécessaire d'employer le verbe « croire » pour rendre compte d'un tel phénomène.

Aujourd'hui, que signifie le développement du thème « mourir dans la dignité » dans le discours social ? Au-delà des problèmes d'euthanasie, déjà révélateurs des dilemmes auxquels aboutit le progrès, ce nouveau mot d'ordre montre que l'idée d'une prolongation de la vie ne génère plus une « espérance », mais au contraire suscite de l'anxiété : il faudrait parler de « l'anxiété de survie » et non plus de « l'espérance de vie ». On veut pouvoir vivre jusqu'à sa mort, on appréhende de voir sa vie médicalement prolongée. Car, entre-temps, le projet s'est, logiquement, structurellement modifié pour être efficace : il ne s'est plus agi de connaître les lois de la nature pour mieux s'y soumettre, mais de s'affranchir desdites lois, au point que la vie et la mort n'ont plus été des réalités de nature mais, souvent, le résultat de décisions humaines (faut-il ou non faire vivre les très grands prématurés, par exemple ?). Or, corollairement à cela, le progrès technique et scientifique s'est déconnecté du progrès social et moral, du bien-être et du bien vivre.

J'ai pris l'exemple de la médecine car il est plus limpide que ceux, plus évidents et parallèles, des progrès de la mort industrielle avec les totalitarismes, Auschwitz, Hiroshima. Mais, ce qui est significatif pour notre sujet, c'est qu'après Hiroshima les progressistes opposaient volontiers un bon nucléaire civil au mauvais nucléaire militaire (alors qu'au niveau du projet industriel mené par l'État, les deux avaient déjà partie liée). Maintenant, le nucléaire civil lui-même apparaît aussi ambivalent que la médecine moderne.

Les interrogations sur le nucléaire civil, sur le réchauffement climatique, les atteintes à la biodiversité, les maladies nosocomiales, l'épuisement des ressources… proviennent de débats au sein de savoirs scientifiques. On pourrait donc penser qu'il s'agit d'un progrès de la réflexivité, dans la lignée des Lumières. En fait, il s'agit d'une mutation.

D'abord parce que, comme le remarque Jean-Paul Willaime[4], la modernité des Lumières peut être résumée dans la formule : le progrès, c'est « le mouvement plus la certitude », alors que maintenant nous affrontons de plus en plus « le mouvement plus l'incertitude » et donc la diversité des options anthropologiques. Ensuite parce que, le système de la communication de masse ayant horreur de l'incertitude, le message médiatique dominant devient celui d'une catastrophe annoncée. Catastrophe explicitement écologique, implicitement apocalyptique.

L'idée de progrès, véhiculée par les Lumières, possédait un fondement un peu plus ancien : elle provenait de la première Révolution anglaise, au milieu du XVII^e^ siècle. Un changement culturel s'opère alors : l'espérance du « retour du Christ » était perçue comme une rupture dans une histoire décadente. Pour les puritains, la « vraie Église » va progressivement triompher et préparer ce retour. C'est une optique où émerge l'idée de progrès qui dépend de l'action présente (on peut hâter le « retour du Christ », tel est le sens des sermons prêchés pendant cette Révolution). Les Lumières reprennent cette idée de progrès dû à l'action humaine en la sécularisant. Aujourd'hui, toujours de manière sécularisée, le catastrophisme écologique des médias retourne à l'optique d'un avenir qui ira de mal en pis, et dont on trouverait, dès à présent, des signes annonciateurs. Dans un certain sens, la boucle est bouclée !

Cette sortie sociale du projet des Lumières – au sens où Marcel Gauchet a parlé de « sortie de la religion » – est commune aux sociétés modernes, que cela plaise ou non. Mais elle génère une crise qui présente, en France, une tonalité relativement spécifique. Les régimes politiques qui se sont liés au drapeau tricolore, qui se sont réclamés de 1789, ne pouvaient plus s'attester par une légitimité sacrale donnée par la religion. Ils se sont alors référés politiquement (comme l'indique Nicolet) à la science et au progrès, et aux institutions qui pouvaient les incarner.

La médecine et l'école, de deux façons différentes, ont donc constitué des institutions nécessaires à la légitimation de la modernité politique française et tout particulièrement de la République. La crise de ces institutions est donc beaucoup plus déstabilisatrice que dans d'autres pays. Et, se transformant en religion civile républicaine, le discours laïque intransigeant parle (significativement) de l'hôpital et de l'école comme de « sanctuaires » où la laïcité serait menacée.

Au temps de la modernité triomphante, la confiance dans le progrès pouvait rassembler des personnes aux croyances diverses dans un agir commun en vue de ce « progrès » qui était indissolublement scientifique, technique, moral et social. La laïcité se construisait dans le cadre d'un projet, d'une utopie. Ne se transforme-t-elle pas profondément dès lors qu'elle ne peut plus se situer dans une telle perspective ? Le risque est alors qu'elle soit surtout perçue comme restrictive, créatrice d'interdits, voire parfois répressive.

Une laïcité vivante ne peut plus être dans le « despotisme éclairé » de l'État-nation, que privilégiaient les Lumières, elle doit être une laïcité par le bas, ancrée dans la diversité pluriculturelle de la société civile. Cette laïcité du XXIe siècle est à construire. C'est une tâche plus exaltante que celle qui consiste à répéter des formules rituelles.

# *Notes*

## *Monsieur le Président...*

1. N. Sarkozy, *La République, les religions, l'espérance*, entretiens avec Thibaud Collin et Philippe Verdin, Paris, Cerf, 2004.

2. Cf. Ch. Jaigu, *Le Figaro.fr*, 16 janvier 2008.

3. Cf. M.-F. Etchegoin et Cl. Askolovitch, *Le Nouvel Observateur*, 14 février 2008.

4. Cf. M. Andrault, *Sarkozy et Dieu, de l'usage politique des monothéismes*, Paris, Berg International, 2008.

## *I. De la fonction de chanoine du Latran*

1. E. Kantorowicz, *Les Deux Corps du roi, essai sur la théologie politique du Moyen Âge*, Paris, Gallimard, 1989 (1957).

2. O. Mongin, G. Vigarello, *Sarkozy, corps et âme d'un président*, Paris, Perrin, 2008, p. 27.

## *II. De la cour du roi Pétaud au Vatican*

1. R. Brague est aussi l'auteur d'une étude intitulée « La sécularisation est-elle moderne ? », *in* M. Foessel, M. Revault d'Allonnes (éd.), *Modernité et sécularisation*, Paris, Presses du CNRS, 2006.
2. A. Guiral, *Libération*, 16 janvier 2008.
3. Du moins, c'est le compte rendu qu'en donne Ph. Ridet, *Le Monde*, 22 décembre 2007. Personnellement, je n'étais pas là !
4. Cf. E. Jozsef, *Libération*, 21 décembre 2008.

## *III. De la morale laïque*

1. *Le Monde*, 15 février 2008.
2. M. Andrault, *Sarkozy et Dieu…*, *op. cit.*, p. 83.
3. Tout cela est authentique et je l'ai raconté à ma manière dans mon roman historique *Émile Combes et la princesse carmélite, improbable amour*, La Tour-d'Aigues, Éditions de l'Aube, 2005 (rééd. L'Aube poche, 2007).
4. *Libération*, 16 janvier 2008.
5. C'est ce qu'imagine, avec pertinence, J.-Cl. Monod (*Le Monde*, 29 janvier 2008) pour montrer l'incongruité du propos présidentiel.
6. C. Duthil, *Opportunistes et radicaux*, Bordeaux, Impr. Bellier, 1882.
7. Tout ceci est présenté de façon beaucoup plus développée dans mon ouvrage *La Morale laïque contre l'ordre moral* (Paris, Seuil, 1997), l'optique de Ferry dans la

première partie, l'enseignement concret de la morale laïque à travers des cahiers d'écoliers ensuite.

## *IV. De la morale laïque (suite)*

1. C. Nay, *Un pouvoir nommé désir*, Paris, Grasset, 2007.
2. J. Rawls, *Une théorie de la justice*, éd. fr. Paris, Seuil, 1987 (1971).
3. M. Sandel, *Democracy's Discontent*, Cambridge (Mass.), The Belknap Press of Harvard University Press, 1996.
4. G. Haarscher, *La Laïcité*, Paris, PUF, « Que sais-je ? », 3e éd., 2004, p. 113 *sq*.
5. A. Margalit, *La Société décente*, éd. fr. Paris, Flammarion, 2007 (1996). A. Margalit a élaboré sa théorie notamment à partir de la situation des Palestiniens, mais elle vaut plus largement.
6. J. Rawls, « Justice as Fairness : Political not Metaphysical », *Philosophy and Public Affairs*, 1985, n° 14/3, p. 241.
7. M. Milot, *La Laïcité*, Montréal, Novalis, 2008, p. 63 *sq*.
8. M. Weber, *Économie et société*, t. I, éd. fr. Paris, Plon, 1971 (1919, 1956), p. 249 *sq*.

## *V. De la nécessité d'en rester à l'inachevé*

1. Propos rapporté par H. Tincq, *Le Monde*, 15 février 2008.

2. Propos cités *in* J. Baubérot, *La Morale laïque...*, *op. cit.*, p. 145 *sq.*

3. Cité par J. Chevallier, *La Séparation de l'Église et de l'École*, Paris, Fayard, 1981, p. 438.

4. O. Mongin, *in* O. Mongin, G. Vigarello, *Sarkozy...*, *op. cit.*, p. 90, 101.

5. Sur ce sujet, cf. Ph. Lazar, *Autrement dit laïque*, Paris, Liana Levi, 2003.

6. M. Milot, *Laïcité dans le nouveau monde, le cas du Québec*, Turnhout, Brepols, 2002, p. 159 *sq.*

7. D. Bouzar le montre de façon très éclairante dans son livre *L'Intégrisme, l'islam et nous*, Paris, Plon, 2007.

8. *La Dépêche du Midi*, 21 avril 1905.

9. F. Jost, D. Muzet, *Le Téléprésident, essai sur un pouvoir médiatique*, La Tour-d'Aigues, Éditions de l'Aube, 2008.

10. Notamment M. Walzer, *Traité sur la tolérance*, éd. fr. Paris, Gallimard, 1998 (1997).

11. Haut Conseil à l'intégration. *L'Islam dans la République*, Rapport de 2000, p. 17.

12. Cf. J. Baubérot, J.-M. Renault, *Relations Églises et autorités outre-mer de 1945 à nos jours*, Paris, Les Indes savantes, 2008.

13. M. Walzer, *Traité...*, *op. cit.*, p. 44.

14. Cf. J. Baubérot, *Laïcité 1905-2005, entre passion et raison*, Paris, Seuil, 2004.

15. Cf. B. Stasi (éd.), *Laïcité et République*, Paris, La Documentation française, 2004.

16. N. Sarkozy, *La République...*, *op. cit.*, p. 169.

17. Cf. notamment M. Jézéquel (éd.), *La Justice à*

*l'épreuve de la diversité culturelle*, Montréal, Yvon Blais, 2007.

18. À paraître en octobre aux Éditions de l'Aube, titre actuel : *Liberté, laïcité, diversité. Le Québec, une chance pour la France.*

## *VI. De la religion civile*

1. Chapitre VIII, « De la religion civile » (à des pages différentes selon les éditions du *Contrat social*).

2. Ch. Godin, *La Philosophie pour les Nuls*, Paris, First Editions, 2006, p. 446.

3. O. Ihl, *La Fête républicaine*, Paris, Gallimard, 1996.

4. D. Schnapper, *La Démocratie providentielle, essai sur l'égalité contemporaine*, Paris, Gallimard, 2002, p. 267 *sq.*

5. J. Locke, *Lettre sur la tolérance*, 1689 (plusieurs éd. fr.). J'ai comparé Locke et Rousseau in *Les Laïcités dans le monde*, Paris, PUF, 2007, p. 21-31.

6. Cf. I. Agier-Cabanes, « La laïcité, exception libérale dans le modèle français », *Cosmopolitiques*, 16, 2007, p. 136 *sq.*

7. Cité par M. Andrault, *Sarkozy et Dieu... op. cit.*, p. 9.

8. R. Bellah, *Varieties of Civil Religion*, San Francisco, Harper and Row, 1980.

9. Cf. E. Zoller (éd.), *La Conception américaine de la laïcité*, Paris, Dalloz, 2005.

10. N. Sarkozy, *La République... op. cit.*, p. 32.

11. *Le Monde*, 17 janvier 2008.

12. M. Andrault, *Sarkozy et Dieu...*, *op. cit.*, p. 39, 38.

### *VII. Des racines mythiques contre l'histoire scientifique*

1. Cf. J. Baubérot, *L'Intégrisme républicain contre la laïcité*, La Tour-d'Aigues, L'Aube, 2006, p. 211-228.
2. J.-M. Leniaud, *L'Administration des cultes pendant la période concordataire*, Paris, Nouvelles Éditions latines, 1988, p. 17.
3. B. Girard, *Libération*, 31 décembre 2007.
4. J.-L. Schlegel, « Nicolas Sarkozy, la laïcité et les religions », *Esprit*, février 2008, p. 14.
5. N. Sarkozy, *La République...*, *op. cit.*, p. 90.

### *VIII. De la loi de 1905*

1. J'ai montré, à partir des archives de Ferry, que celui-ci n'avait pas tardé à arrêter cette lutte (cf. *La Morale laïque...*, *op. cit.*, p. 49 *sq.*)
2. J.-M. Mayeur, *La Question laïque* XIXe-XX[e] *siècle*, Paris, Fayard, 1997, p. 96 *sq.*
3. M. Larkin, *Religion, Politics and Preferment in France since 1890, La Belle Époque and its legacy*, Cambridge, Cambridge University Press, 1995, p. 9-58.
4. J. Baubérot, *L'Intégrisme...*, *op. cit.*, p. 162 *sq.*
5. Estimation la plus plausible. Cf. P. Cabanel, « Introduction », *in* P. Cabanel, J.-D. Durand (éd.), *Le Grand Exil des congrégations religieuses françaises 1901-1914*, Paris, Cerf, 2005, p. 11.
6. J'ai décrit cette atmosphère dans mon *Émile Combes...*, *op. cit.*

7. Selon l'expression de son biographe, cf. G. Suarez, *Briand, sa vie, son œuvre*, II, *Le faiseur de calme, 1904-1914*, Paris, Plon, 1938.

8. A. Briand à la Chambre des députés, 27 mai 1904, cité par Y. Bruley, *1905, la séparation des Églises et de l'État, les textes fondateurs*, Paris, Perrin, 2004, p. 145 *sq.* La « nouveauté du discours de Briand » a été bien analysée par Ch. Bellon, « Les parlementaires socialistes et la loi de 1905 », *Parlement[s], Histoire et politique*, 2005, 3, p. 123 *sq.*

9. Notamment par J.-M. Mayeur, *La Séparation des Églises et de l'État*, Paris, Éditions de l'Atelier, rééd. 2005 (1966) et Y. Bruley, *1905...*, *op. cit.*

10. J. Baubérot, *L'Intégrisme...*, *op. cit.*, p. 143-194.

11. « Laïcisation, union sacrée et apaisement », *in* J. Le Goff, R. Rémond (éd.), *Histoire de la France religieuse*, IV, *Société sécularisée et renouveaux religieux*, Paris, Seuil, 1992, p. 58.

12. Cf. B. Delpal, « L'application des lois anticongréganistes : éléments pour un bilan, 1901-1914 », *in* P. Cabanel, J.-D. Durand (éd.), *Le Grand Exil...*, *op. cit.*, p. 63 *sq.*, 78 *sq.*

13. J'en donne la teneur *in* J. Baubérot, « Conclusions. La laïcité entre pacte laïque et lutte anticongréganiste », *ibid.*, p. 420 *sq.*

14. Propos rapportés in *Le Monde*, 15 février 2008.

15. *La Croix*, 8 décembre 1905 ; cf. J. Baubérot, *L'Intégrisme...*, *op. cit.*, p. 147 *sq.*

16. J. Grévy, *Le Cléricalisme, voilà l'ennemi ! Un siècle de guerre de religion en France*, Paris, Armand Colin, 2005, p. 199.

17. M. Larkin, *L'Église et l'État en France, 1905: la crise de la séparation*, éd. fr. Toulouse, Privat, 2004 (1974), p. 220 *sq*.

18. *Ibid.*, p. 232.

19. N. Sarkozy, *La République, les religions...*, *op. cit.*, p. 23 *sq*.

20. P. Nora, *Les Lieux de mémoire*, I, *La République*, Paris, Gallimard, 1984, p. XIX.

21. Cf. M. Larkin, *L'Église...*, *op. cit.*, p. 227.

## *IX. Des jugements négatifs sur la laïcité*

1. Cf. M. Ozouf, *L'Homme régénéré, essais sur la Révolution française*, Paris, Gallimard, 1989.

2. Cf. F. Furet, *La Gauche et la Révolution française au milieu du XIXe siècle*, Paris, Hachette, 1986.

3. M. Larkin, *L'Église...*, *op. cit.*, p. 233.

4. N. Sarkozy, *Libre*, Paris, Robert Laffont, 2001, p. 215.

5. N. Sarkozy, *La République...*, *op. cit.*, p. 19.

6. L'affaire fut complexe et E. Poulat a publié l'ensemble des documents in *Les Diocésaines. République française, Église catholique: loi de 1905 et associations cultuelles, le dossier d'un litige et de sa solution (1903-2003)*, Paris, La Documentation française, 2007.

7. Cf. J. Battut, C. Join-Lambert, E. Vandermeersch, *1984, la guerre scolaire a bien eu lieu*, Paris, Desclée de Brouwer, 1995.

8. Ph. Portier, « L'Église catholique face au modèle

français de laïcité. Histoire d'un ralliement», *Archives de sciences sociales des religions*, 129, janv.-mars 2005, p. 128.

9. Cf. J.-P. Delannoy, *Les Religions au Parlement français, du général de Gaulle (1958) à Valéry Giscard d'Estaing (1975)*, Paris, Le Cerf, 2005, p. 307-308.

10. N. Sarkozy, *La République…*, *op. cit.*, p. 93.

11. Conseil d'État, *Un siècle de laïcité*, Paris, La Documentation française, 2004.

## *X. De la laïcité positive*

1. J. Baubérot, *L'Intégrisme…*, *op. cit.*, p. 267.

2. Conférence des évêques de France, « Proposer la foi dans la société actuelle », II, in *L'Église dans la société actuelle*, Paris, Bayard-Centurion, 1996, p. 46. D'habitude, le vocabulaire catholique officiel parlait plutôt d'une « saine laïcité » (opposée à la malade !).

3. J.-P. Machelon (éd.), *Les Relations des cultes avec les pouvoirs publics*, Paris, La Documentation française, 2006.

4. FPF, *Culte, équité et laïcité : l'expérience protestante. Éléments d'évaluation de la loi de 1905 et propositions*, rapport inédit, décembre 2002.

5. Cité par J. Boussinesq, *La Laïcité française, mémento juridique*, Paris, Seuil, 1994, p. 160.

6. J.-P. Machelon (éd.), *Les Relations…*, *op. cit.*, p. 46.

7. *Les Idées en mouvement*, n° 143, novembre 2006, p. 18.

8. J.-P. Machelon (éd.), *Les Relations…*, *op. cit.*, p. 24.

9. Cf. J.-M. Woehrling, « État et religion en Europe.

Les systèmes de reconnaissance », *Revue de droit canonique*, t. 54, 2004, p. 14, 246, 291.

10. D. Hervieu-Léger, *Catholicisme, la fin d'un monde*, Paris, Bayard, 2003.

*Lettre aux croyants...*

1. Cf., notamment, M. Milot, *La Laïcité*, Montréal, Novalis, 2008 ; J. Baubérot, *Laïcité 1905-2005 entre passion et raison*, Paris, Seuil, 2004.

*Lettre aux partisans de la laïcité...*

1. J. Baubérot, *L'Intégrisme...*, *op. cit.*, p. 267 *sq.*
2. J. Léonard, *La Médecine entre les pouvoirs et les savoirs*, Paris, Aubier, 1981.
3. Cl. Nicolet, *L'Idée républicaine en France*, Paris, Gallimard, 1982, p. 310 *sq.*
4. J.-P. Willaime, *Europe...*, *op. cit.*, p. 205 *sq.*

## *Table*

## Du même auteur

*Le Tort d'exister*, Bordeaux, Ducros, coll. « Frères du monde », 1970.

*Un christianisme profane ?*, Paris, PUF, coll. « Bibliothèque de l'École des hautes études, Sciences religieuses », 1978.

*La Marche et l'horizon*, Paris, Le Cerf, 1979.

*Le Pouvoir de contester*, Genève, Labor et Fides, coll. « Histoire et société », 1983.

*Le Retour des huguenots. La vitalité protestante XIX^e^-XX^e^ siècle*, Paris-Genève, Le Cerf-Labor et Fides, coll. « Sciences humaines et religions », 1985.

*Le Protestantisme* (avec Jean-Paul Willaime), Paris, M-A édition, 1987, 2^e^ éd., 1990.

*Histoire du protestantisme*, Paris, PUF, coll. « Que sais-je ? », 1987, 6^e^ éd., 2007.

*Le protestantisme doit-il mourir ? La différence protestante dans une France pluriculturelle*, Paris, Seuil, 1988.

*Vers un nouveau pacte laïque ?*, Paris, Seuil, 1990.

*La Laïcité, quel héritage de 1789 à nos jours ?*, Genève, Labor et Fides, coll. « Entrée libre », 1990.

*Pluralisme et minorités religieuses* (éd.), Louvain, Peeters, coll. « Bibliothèque de l'École des hautes études, Sciences religieuses », 1991.

*Religions et laïcité dans l'Europe des douze* (éd.), Paris, Syros, 1994.

*La Morale laïque contre l'ordre moral (1882-1914)*, Paris, Seuil, 1997.

*Une haine oubliée* (avec Valentine Zuber), Paris, Albin Michel, coll. « Science des religions », 2000 (ouvrage couronné par l'Académie française).

*Histoire de la laïcité en France*, Paris, PUF, coll. « Que sais-je ? », 2000, 4e éd., 2007.

*Protestantisme* (avec Hubert Bost), Genève, Labor et Fides, coll. « Entrée libre », 2000.

*Religion, modernité et culture au Royaume-Uni et en France (1800-1914)* (avec Séverine Mathieu), Paris, Seuil, coll. « Points-Histoire », 2002.

*Le Voile, que cache-t-il ?* (avec Dounia Bouzar et Jacqueline Costa-Lascoux), Paris, Éditions de l'Atelier, coll. « Questions de vie », 2004.

*Laïcité 1905-2005, entre passion et raison*, Paris, Seuil, coll. « La Couleur des idées », 2004.

*La Laïcité à l'épreuve. Religions et libertés dans le monde* (éd.), Paris, Universalis, coll. « Le Tour du sujet », 2004.

*De la séparation des Églises et de l'État à l'avenir de la laïcité* (avec Michel Wieviorka, éd.), La Tour-d'Aigues, Éditions de l'Aube, 2005.

*Émile Combes et la princesse carmélite*, roman historique, La Tour-d'Aigues, Éditions de l'Aube, coll. « Regards croisés », 2005, 2e éd. L'Aube poche, 2007.

*L'Avenir de la laïcité* (avec Mgr Dagens), Paris, Parole et silence, 2005.

*L'Intégrisme républicain contre la laïcité*, La Tour-d'Aigues, Éditions de l'Aube, coll. « Monde en cours », 2006.

*Laïcité et séparation des Églises et de l'État* (avec Mireille Estivalèzes, éd.), Limoges, Presses universitaires de Limoges, 2006.

*Les Laïcités dans le monde*, Paris, PUF, coll. « Que sais-je ? », 2007.

*Petite Histoire du christianisme*, Paris, Librio, coll. « Petite Histoire des religions », 2008.

*Relations Églises et autorités outre-mer de 1945 à nos jours* (avec Jean-Marc Regnault, éd.), Paris, Les Indes savantes, 2008.

blog : « Laïcité et regard critique sur la société »
http://jeanbauberotlaicite.blogspirit.com

*Composition IGS*
*Impression Bussière, avril 2008*
*Éditions Albin Michel*
*22, rue Huyghens, 75014 Paris*
*www.albin-michel.fr*

ISBN : 978-2-226-18677-5
N° d'édition : 25568 – N° d'impression : 081303/1
Dépôt légal : mai 2008
Imprimé en France.